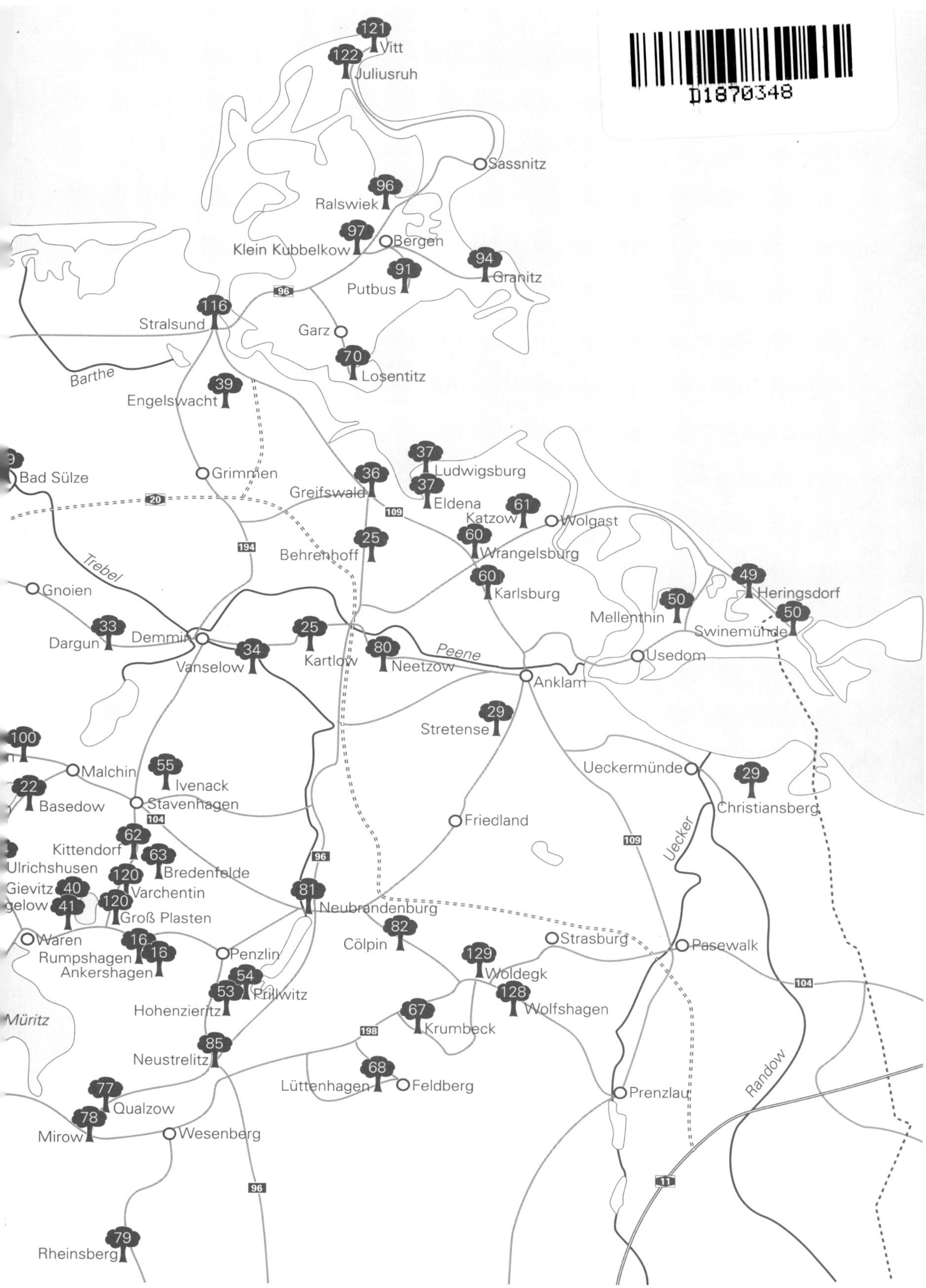
121 Vitt
122 Juliusruh
Sassnitz
96 Ralswiek
97 Klein Kubbelkow
Bergen
94 Granitz
91 Putbus
96
116 Stralsund
Garz
70 Losentitz
Barthe
39 Engelswacht
37 Ludwigsburg
37 Eldena
Bad Sülze
Grimmen
36 Greifswald
20
109
61 Katzow
Wolgast
194
25 Behrenhoff
60 Wrangelsburg
Trebel
Gnoien
60 Karlsburg
49 Heringsdorf
50 Mellenthin
50 Swinemünde
33 Dargun
Demmin
25 Kartlow
80 Neetzow
Peene
34 Vanselow
Usedom
Anklam
29 Stretense
100
Malchin
55 Ivenack
Ueckermünde
29 Christiansberg
22 Basedow
Stavenhagen
104
Friedland
62 Kittendorf
63 Bredenfelde
109
Ulrichshusen
96
Uecker
40 Gievitz
120 Varchentin
41 gelow
120 Groß Plasten
81 Neubrandenburg
82 Cölpin
Waren
16 Rumpshagen
16 Ankershagen
Penzlin
Strasburg
Pasewalk
129 Woldegk
104
54 Prillwitz
53 Hohenzieritz
128 Wolfshagen
Müritz
67 Krumbeck
198
85 Neustrelitz
68 Lüttenhagen
Feldberg
Prenzlau
Randow
77 Qualzow
78 Mirow
Wesenberg
11
96
79 Rheinsberg

Herwyn Ehlers · Teresa Funke

Gärten und Parks in Mecklenburg-Vorpommern

Ein Ausflugsführer durch Kunst und Natur

Christians

Für Anna

Inhalt

Einführung

Kein anderer Landschaftsarchitekt hat die Gärten und Parks Mecklenburg-Vorpommerns so nachhaltig geprägt wie Peter Joseph Lenné (1789-1866). Seine Parks waren schon zu seinen Lebzeiten berühmt und sind heute schöner als je zuvor – nicht zuletzt dank der engagierten Pflege des Landschaftsarchitekten Stefan Pulkenat, der sich nach der Wende vieler Lenné-Parks angenommen und sie fachgerecht rekonstruiert hat.

Wir freuen uns, Ihnen diesen Garten-Ausflugsführer präsentieren zu können, der sich neben den berühmten Lenné-Parks auch mit gestalteten Grünflächen im weiteren Sinne beschäftigt. Wir haben für Sie Ortschaften und Dörfer, Klosterruinen und Tierparks, Freilichtmuseen und Naturlehrpfade besucht und dabei eine Menge Unbekanntes aufgetan. Herrschaftliche Gutsparks sind natürlich auch darunter, denn fast jedes Dorf Mecklenburg-Vorpommerns konnte in vergangenen Zeiten mit einem Guts- oder Herrenhaus aufwarten – und mit dem dazugehörigen Park. Leider sind viele von ihnen im Laufe der Jahre zerstört worden oder durch mangelnde Pflege verwildert. Wir haben deshalb nur solche Gartenanlagen in das Buch aufgenommen, die heute in einem guten Zustand sind.

Was alle hier vorgestellten Gärten und Parks gemeinsam haben: Es lohnt sich, sie zu entdecken! Und noch ein Tipp: Zwei große Gartenschauen in Wismar und Rostock bieten in den Jahren 2002 und 2003 zwei weitere Attraktionen, die Sie sich auf keinen Fall entgehen lassen sollten.
Viel Spaß bei Ihren Touren durch die Gärten und Parks Mecklenburg-Vorpommerns wünschen

Ihre
Teresa Funke und Herwyn Ehlers

Geschichte

Ein kleiner Ausflug in die Geschichte hilft, die Gartenlandschaft Mecklenburg-Vorpommerns besser zu verstehen. Während der Zeit der Völkerwanderung siedelten sich ab dem 8. Jh. slawische Stämme im heutigen Mecklenburg-Vorpommern an. Sie bildeten Stammesverbände, deren Territorialgrenzen sich über die Zeit der deutschen Fürstentümer hinaus zum Teil bis heute erhalten haben. Im Osten herrschten die Obotriten – der größte Stamm –, auf Rügen und dem angrenzenden Festland lebten die Ranen, südlich die Luitizen. In Groß Raden, dem heute größten Freilichtmuseum des Landes, kann eine solche besonders gut erhaltene Dorf- und Burganlage besichtigt werden.

Um die Jahrtausendwende mussten die Slawen zunehmend ihr Reich gegen Eroberer verteidigen. Besonders die Dänen, die Pommern und die Sachsen kämpften um die slawischen Gebiete. Heinrich dem Löwen, einem Sachsen, gelang es schließlich, gemeinsam mit den Dänen alle Ländereien zu erobern. Das Kloster Dargun und später die Gutsanlage Griebenow gehen auf dänische bzw. schwedische Gründer zurück. Das Gebiet wurde an den Deutschen Lehnsverband angeschlossen und die slawischen Stämme christianisiert.

Ab dem 13. Jh. kam es zu einer starken Zuwanderung der deutschen Bevölkerung. Dörfer und Klöster entstanden, erste Stadtgründungen erfolgten (Stralsund 1234). Die slawischen Fürsten bauten ihre alten Burganlagen aus, neue Burgen wurden errichtet (Wolfshagen). Die Tradition norddeutscher Herrensitze und ihrer Gartenanlagen hat in dieser Zeit ihren Ursprung. In Städten, Klöstern und Gutsanlagen entstanden die ersten Kräuter- und Arzneigärten (hortus medicus), Rosengärten (rosetum) und Baumgärten (arboretum).

Obwohl in der Zeit der Renaissance erstaunlich viele Schlösser und Herrenhäuser gebaut wurden, blieben die Gärten hinter dieser Entwicklung zurück. Während sich die Architektur an Vorbildern in Italien, Frankreich und den Niederlanden orientierte, mit eigenen Gestaltungsmitteln eine eigenständige Formensprache entwickelte (Terrakottaschmuck) und bedeutende Bauten hervorbrachte (Schwerin, Basedow, Ulrichshusen, Spyker), blieb die Gartenkunst lange Zeit relativ unbedeutend. Es entstanden lediglich einige kleine Lustgärten, über die kaum etwas überliefert ist. Einzige Ausnahme ist der Renaissancegarten des Schlosses Güstrow, der unter diesem Gesichtspunkt um so mehr an Bedeutung gewinnt.

Nachdem sich das Land nur langsam von den Folgen des Dreißigjährigen Krieges (1618-1648) erholte, hielt um 1700 eine neue Kunstform Einzug: der Barock. Besonders durch französische Beispiele (wie z.B. den von Le Nôtre gestalteten Park in Versailles) beeinflusst, erlebte die Gartenkultur eine neue Blütezeit. Während der Renaissancegarten dem Erscheinungsbild des Gebäudes untergeordnet war, wurde er nun zu einem wichtigen Bestandteil des architektonischen Gesamtensembles. Ebenso wie das Schloss oder Herrenhaus repräsentierten nun auch die Außenanlagen die Macht oder die politische Stellung des Besitzers. Die klassischen barocken Gärten gliederten sich entlang einer Hauptachse in drei Bereiche: das hinter dem Schloss gelegene Parterre (meist mit Blumenbeeten verziert), die anschließenden Bosketts (geschnittene Heckenquartiere) und ein oft weitläufiges Jagdquartier (Wald). Streng geschnittene Pflanzen (Hecken-Wände, Laubengänge und Buchs- oder Eibenbäumchen in geometrischen Formen), klare Symmetrie und weit in die Landschaft reichende, axiale Alleen charakterisieren die Gärten dieser Zeit. Die heute wohl bekannteste und wertvollste barocke Anlage ist die Festonallee am Schloss Bothmer.

Entsprechend der norddeutschen Natur und Mentalität fielen Architektur und Landschaftsgestaltung allerdings vergleichsweise schlichter aus als die oft pompösen barocken Anlagen anderer Regionen. Der Einsatz aufwendiger Wasserspiele (Ludwigslust), Bildwerke und Statuen (Neustrelitz) hielt sich hierzulande eher in Grenzen. Orangerien zur Beherbergung der in Mode gekommenen Kübelbäumchen gehörten jedoch schon bald zum Repertoire barocker Gärten (z.B. Putbus, Neustrelitz, Ivenack). Nachdem, insbesondere nach 1945, einige Schlösser gesprengt oder abgetragen worden sind, sind es heute die Orangerien, die den architektonischen Bezugspunkt des Gartens herstellen. – Ein zentrales Gestaltungskriterium barocker Anlagen war die

Einbeziehung der Stadtanlage in eine Gesamtplanung. Eindrucksvollstes Beispiel hierfür ist sicherlich Neustrelitz mit seinem sternförmigen Marktplatz, dem Schlossgarten, dem Tierpark und der Schlosskoppel.

Ende des 18. Jh. hielten neue Einflüsse Einzug in die Gartenwelt. Unter dem Motto "Zurück zur Natur" wandte man sich von der streng architektonischen Formensprache völlig ab und suchte nach neuen Ausdrucksmöglichkeiten. Vorbild war der in England in Mode gekommene Landschaftspark. Geschwungene Wege schlängelten sich fortan durch scheinbar "natürlich" vorkommende Gehölze und Rundwege und bildeten die landschaftliche Kulisse für künstliche Ruinen, gotische Kapellen und Mausoleen, die errichtet wurden, um die romantisch-melancholische Stimmung des Parks zu erhöhen. In Hohenzieritz wurde sogar – aus rein optischen Gründen – eine Moschee gebaut. Hier entstand eine weiträumig zusammenhängende Gartenlandschaft, die weit über die Parkgrenze hinausreichte. Der von "Capability" Brown in England eingeführte äußere Rundweg entlang der Parkgrenze wurde auch in Basedow ("Drive") und Wiligrad (Friedrich-Franz-Weg) als Gestaltungsmittel eingesetzt.

Die wenigsten Gärten erreichen eine Pracht, die überregional von Bedeutung wäre. Aber die unglaubliche Vielzahl von Landschaftsparks, die im 19. Jahrhundert in Mecklenburg-Vorpommern entstanden, ist bemerkenswert. Fast sämtliche barocken Gärten wurden erweitert und landschaftlich umgestaltet, wie die in Klütz (Schloss Bothmer), Bellin, Ivenack, Ludwigslust oder Neustrelitz. Aber auch unzählige neue Parks entstanden (z.B. in Varchentin und Kittendorf). Ob Residenz oder Herrensitz, Stadtanlage oder Kurhaus, Promenade oder Befestigungsanlage, Friedhof oder Seebad – sie alle wurden nun von landschaftlich gestalteten Gartenanlagen umgeben. Und die natürliche Landschaft Mecklenburg-Vorpommerns – sanfte Hügel, Seen und Wälder – bot die optimalen Voraussetzungen, dem Ideal des englischen Landschaftsparks zu entsprechen.
Der Landschaftsarchitekt Peter Joseph Lenné (1789-1866) hat im 19. Jh. zahlreiche Parks in Mecklenburg-Vorpommern gestaltet und die Entwicklung der Gartenkunst dieser Region geprägt. Obwohl sein Hauptbetätigungsfeld im Raum Potsdam lag, entstanden in Mecklenburg-Vorpommern so bedeutende Anlagen wie Basedow, Ludwigslust, Schwerin und Wolfshagen.

Manchmal ist allerdings unklar, inwieweit die Gärten wirklich die Handschrift Lennés tragen, da er häufig nur die Pläne lieferte und die Gärtner bei der späteren Umsetzung eigene Ideen mit einflochten. Auch wurden bekanntermaßen viele Pläne von Schülern Lennés gezeichnet, z. B. für die Gärten in Neustrelitz, Krumbeck, Behrenhoff und Remplin. Die Schlossparks in Ludwigslust und Schwerin zeigen vollendet die Verknüpfung barocker Gestaltungselemente mit denen des Landschaftsparks. Andere, völlig neu angelegte Parks sind losgelöst von jeglicher Symmetrie, Axialität und Geradlinigkeit – Varchentin ist nur ein Beispiel dafür.

Ende des 19. Jh. neu erbaute Herrenhäuser passte man architektonisch von vornherein dem romantischen Gesamtbild an. So hielten neobarocke und neogotische Formen wieder Einzug in die Architektur. Als eigener regionaler Baustil entwickelte sich die norddeutsche Neoterrakotta-Renaissance, wie sie in Basedow, Wiligrad und Schloss Klink zu sehen ist. Mit Schloss Kittendorf wurde die englische Tudorgotik in Mecklenburg-Vorpommern eingeführt, die optisch an die prächtigen englischen Landsitze erinnert.

Mit dem Beginn des I. Weltkrieges kam das Baugeschehen nahezu zum Erliegen, am Ende des II. Weltkrieges erfuhr die Tradition der Herrenhäuser und Schlösser ein jähes Ende. Nach der Enteignung und Vertreibung vieler Gutsbesitzer und ihrer Familien verkamen die Anlagen, wurden gesprengt oder abgetragen, wie z.B. in Putbus und Neustrelitz. Viele Herrenhäuser dienten Flüchtlingen und Vertriebenen als Notunterkünfte, in den Gärten und Parks mussten Gemüsegärten angelegt werden, Bäume wurden als Heizmaterial gefällt. In den folgenden Jahrzehnten erholten sich die Gärten nur langsam. Viele Parkbereiche wurden zweckentfremdet: Auf Schlosswiesen entstanden Fußballfelder und Waschplätze, Garagen und Eigenheime veränderten die räumliche Situation in vielen Gutsparks drastisch. Mehrere Gebäude, wie z. B. das Schloss in Putbus, wurden ohne Not gesprengt. Doch Stadtparks und Kuranlagen gewannen zunehmend als öffentliche Naherholungsfläche an Bedeutung, viele der kleineren Gutsparks wurden von den Anwohnern mit viel persönlichem Engagement in Ordnung gehalten. In den 1980er Jahren machte sich verstärkt der Einfluss der Denkmalpflege bemerkbar, und man begann mit ersten Wiederherstellungsarbeiten unter fachlicher Anleitung.

Nach der Wende hat auch für die meisten Gärten und Parks eine neue Zeit begonnen. Einige, die bisher nach bestem Wissen und Gewissen gepflegt worden waren, verfielen immer mehr. Andere Grünanlagen dagegen sind aus ihrem Dornröschenschlaf erwacht, wie die in Krumbeck, Basedow und Behrenhoff. 40 Jahre alte Sämlinge wurden ausgeschlagen, alte Bäume durch Freistellung ihrem sicheren Tod entrissen, Teiche entschlammt, Wege erneuert und Pflanzen gezielt ersetzt. Manche Anlagen wurden mit fachlichem Können und erheblichem finanziellem Aufwand rekonstruiert. – Ein anderes Beispiel ist Klein Kubbelkow auf Rügen. Dieser historische Herrenhauspark wurde seit Beginn der 1980er Jahre auf Grundlage historischer Pläne gartendenkmalpflegerisch betreut und durch gezielte Ausholzungen und Nachpflanzungen rekonstruiert. Fotos von 1992 zeigen gerade Wege, gepflegte Rasenflächen und sorgsam hergestellte Pflanzungen. Im Sommer 1999 war davon kaum noch etwas zu erkennen. Mannshoher Wildwuchs auf den noch vor kurzem gepflegten Rasenflächen, Wege waren nicht mehr auffindbar...

Mecklenburg-Vorpommern ist das Land der Guts- und Herrenhäuser, viele von ihnen stehen zum Verkauf. Leider sind die Behörden den Ansprüchen und Gestaltungswünschen der neuen Gutsbesitzer häufig nicht gewachsen und lassen Veränderungen der Bausubstanz und der Parkanlagen zu, die nicht zu begrüßen sind. Sicherlich kann und soll heute nicht mehr alles in den Ursprungszustand der Erstanlage gebracht werden. Die Strukturen der vor Jahrzehnten oder Jahrhunderten angelegten Gärten jedoch einfach zu ignorieren, ist ein großer Verlust für die mecklenburgische Gartenkultur – dies abzuwenden, eine Herausforderung für die Denkmalpflege. Einige positive Beispiele und das Engagement von Investoren und Behörden lassen jedoch hoffen. Zu hoffen ist auch, dass sich mehr Menschen auf den Wert einer Garten- und Parkanlage besinnen, um diese zu erhalten und wiederherzurichten. Erst im Zusammenspiel zwischen Architektur und gestalteter Gartenanlage erhält ein – zumal historisches – Gebäude sein adäquates Umfeld. Und: Ein Garten macht Freude.

Insider-Tipps für eine gelungene Garten- und Parktour

1. In jedem Fall empfehlenswert ist der Kauf einer aktuellen Generalkarte von Mecklenburg-Vorpommern, die im Buchhandel sowie an jeder Tankstelle zu bekommen ist. In ihr sind auch kleinere Straßen und Orte zuverlässig verzeichnet, so dass man sich Umwege und eine lange Suche ersparen kann.

2. Häufig sind es Nebenstrecken, die für Fahrten über Land am besten geeignet sind. Sie führen durch Alleen, blühende Wiesen und Rapsfelder, ursprüngliche Dörfer, an uralten Kopf-Weiden, Kornackern, kleinen Gehöften und Gutshäusern mit verwunschenen Parks vorbei. So wird schon die Anreise zum Naturerlebnis.

3. Aufgrund der teilweise großen Entfernungen erscheint eine Parktour mit dem Auto, dem Motorrad oder dem Fahrrad sinnvoll. Touren nur mit Bahn und Bus sind meistens mit einem großem Zeitaufwand verbunden (Achtung: Manche Anlage wird von den öffentlichen Anbietern nur zweimal pro Tag angefahren).

4. Sinnvoll ist das Tragen von festem Schuhwerk; viele Parkwege sind nicht in allerbestem Zustand.

5. Am schönsten ist ein Park oft in den frühen Morgen- oder Abendstunden, auch für Fotografen können diese Stunden am ergiebigsten werden.

6. Wer insbesondere an Schlossparks Interesse hat, dem sei wärmstens eine Rundreise zu den schönsten Schlössern und Herrenhäusern Mecklen-

burg-Vorpommerns, wie z. B. Kaarz, Vanselow, Kittendorf oder Prillwitz, empfohlen. Nähere Informationen hierzu erhalten Sie bei:
„Schwerin Plus“ Touristik Service GmbH,
Körnerstrasse 22, 19055 Schwerin
Tel.: 0385-55 80 22
Fax: 0385-55 88 211

Wir bitten um Ihre Mithilfe

Ein Garten “lebt” – es ist daher nicht auszuschließen, dass sich der Zustand einiger der von uns hier vorgestellten Anlagen in der Zwischenzeit bereits verändert hat, z.B. durch Überwachsungen oder mangelnde Pflege (dieser Umstand sollte eigentlich langsam der Vergangenheit angehören). Außerdem werden zur Zeit und in naher Zukunft viele Parks wiederhergerichtet bzw. neu gebaut. Wenn Sie auf Ihrer Reise durch Mecklenburg-Vorpommern auf eine bedeutende Gartenanlage treffen, die wir hier noch nicht beschrieben haben oder die sich stark verändert hat, schreiben Sie uns bitte:
Gärten und Parks · Hubertusweg 14 · 22459 Hamburg

Was bedeuten die Kurzwertungen?

Die Bewertung “eine bis... vier Blumen” spiegelt die Qualität, den Zustand und die Bedeutung der jeweiligen Garten- und Parkanlage sowie ihren Wert als Ausflugsziel wider. Aber: Auch Anlagen mit nur einer oder zwei “Blumen” können äußerst lohnenswerte Ziele sein und botanische “Spezialitäten” bzw. seltene architektonische Elemente aufweisen oder für spezielle Interessenten wertvoll sein.

- herausragende Anlage nach historischer Bedeutung, Schönheit, Pflanzenwelt (Seltenheit/Vielfalt)
- auch eine Anfahrt von weither lohnt sich

- sehenswerte Anlage
- Ausflugsziel, bei dem sich auch eine längere Anreise lohnt

- sehenswerte Anlage
- als regionales Ausflugsziel interessant

- Anlage von lokaler/regionaler Bedeutung
- ein Besuch lohnt sich nur bei nicht zu langen Anfahrtswegen

Gutspark und Freilichtmuseum Alt Schwerin

B 192 (bei Malchow)
Dorfstr. 21
17214 Alt Schwerin
Tel. 03 99 32/499 18
Fax 03 99 32/499 17

Öffnungszeiten: Mai-Sept.: täglich 10-17 Uhr, April u. Okt.: Di-So 10-17 Uhr
Eintritt: Erw. DM 5,-/Erm. DM 3,-

Anreise:
Bahn: Linie Waren-Ludwigslust
PKW: A 19/E55, B 192 bei Malchow

Führungen: in Gruppen nach Voranmeldung

Behindertengerechte Anlage

Zur Geschichte: Im Jahr 1899 übernahm Johannes Schlutius, dem auch das nahe Karow gehörte, das Gut Alt Schwerin. Es ist ein typisches mecklenburgisches Gutsdorf in einem einzigartigem Erhaltungszustand, Bauten der letzten 50 Jahre eingeschlossen. Als einige der originalen Gebäude im Dorf ihre Funktion aufgrund modernerer Technologien verloren, wurden sie in Museumsobjekte umgewandelt. So entstand bereits 1963 das Freilichtmuseum. Da die Ausstellung genau genommen nur bis 1989/90 geht, stellt sie ein „Museum im Museum" dar: die Agrargeschichte aus DDR-Sicht. Ein Museum, das auf seine Weise heute einzigartig ist.

Was ist zu sehen: Auf dem Weg durch das Dorf kann man Geschichte und Gegenwart gleichermaßen erleben und erhält einen Überblick über die Agrargeschichte Mecklenburgs. Das Besondere am Aufbau dieses Museums ist, dass sich der Besucher die Objekte im Dorf „erwandern" muss. In der ehemaligen Schnitterkaserne (Schnitter wurden ausländische Wanderarbeiter genannt, die noch um 1890 von den Landjunkern sklavenähnlich gehandelt wurden) informiert die zentrale, ständige Ausstellung über 5000 Jahre Landnutzungs-, Produktions- und Sozialgeschichte. Hier sollte man seinen Rundgang beginnen. Die Lebensweise der Bauern dokumentieren Tagelöhnerkaten von 1870, Landarbeiterwohnungen von 1920 und die Wohnung eines Genossenschaftsbauern aus den 1960er Jahren. Auf dem Weg durch das Dorf kann man auch pädagogische Einrichtungen verschiedener Zeiten sowie eine Windmühle, einen Steinbackofen und einen Kräuter- und Nutzgarten besichtigen.

Einige hundert Meter entfernt liegt der eigentliche Gutshof mit einem schlichten barocken Herrenhaus von 1733. Sehenswert ist das neobarocke, schmiedeeiserne Tor zum Hof, welches auf der Weltausstellung 1893 in Chicago einen Sonderpreis für handwerkliches Können erhielt. Hinter dem Haus ein landschaftlicher Park. Im Gebäude ist ein Altenheim untergebracht.

Besondere Bauwerke: Die Schnitterkaserne wurde 1904 als Unterkunft für ausländische Gutsarbeiter

erbaut, später als Gefängnis und Flüchtlingsunterkunft genutzt. Bis 1970 war die Schule darin untergebracht. Die Tagelöhnerkate aus der Mitte des 19. Jh. beherbergt eine Ausstellung des Naturparks Nossentiner/Schwinzer Heide. In der Einklassen-Dorfschule von 1878 wurden früher alle Schüler der 1.- 8. Klassenstufe in einem Raum von einem Lehrer unterrichtet.
Weitere typische Gebäude des Gutsdorfes, die besichtigt werden können, sind z. B. die Gutsschmiede, eine Windmühle, ein Neubauerngehöft von 1949/50, Agrarflughallen und ein Lokschuppen mit einer Kleinbahn.
Kinder: An Aktionstagen gibt es besondere Attraktionen für Kinder (Knüppelkuchen backen, Vogelscheuchen bauen, Drachen steigen) und altes Handwerk (Spinnen, Weben, Schmieden, Schafe scheren, Imkerei) wird vorgeführt. Einmal im Jahr findet ein großes Sommerfest statt. Für Gruppen und Schulen besteht die Möglichkeit zu Projekttagen.
Gastronomie: „Mecklenburger Bauernkrug" im Dorf; tägl. 10-23 Uhr, deftige und traditionelle Küche
Veranstaltungen: Übers ganze Jahr verteilt finden verschiedene Aktionstage unter einem bestimmten Motto statt, z. B. das Fischerfest, das große Dampftreffen, Oldtimer- und Traktorentreffen, verschiedene Antik- und Trödelmärkte. Freitags und an Aktionstagen wird in der Regel im historischen Steinofen Brot gebacken.
Bewertung: Ein ganzes Dorf mit fast allen ehemals genutzten Gebäuden (auch ein Wohnblock „Typ Brandenburg") als Museum, das ist einzigartig. Besonders die Aktionstage erfreuen sich großer Beliebtheit.

Schliemann-Museum Ankershagen

Lindenallee 1 · 17219 Ankershagen
Tel. 03 99 21/32 52
Fax 03 99 21/32 12
www.nord-netz.de/schliemann-museum

Öffnungszeiten:
April-Okt.: Di-So 10-17 Uhr,
Nov.-März: Di-Fr 10-16 Uhr,
Sa 13-16 Uhr

Eintritt: Erw. DM 5,-/Kinder DM 3,-
Führungen: nach Vereinbarung DM 50,-

Anreise: Bus: Nationalparkbuslinie v. Mirow; Bahn: bis Kratzeburg und Klockow; Pkw: B 192, B 193 Richtung Penzlin

Behindertengerechte Anlage

Zur Geschichte: Ankershagen wurde bekannt, da der später weltberühmte Archäologe Heinrich Schliemann (1822-1890) hier seine Kindheit verbrachte. Die Besiedlung von Menschen in diesem Gebiet kann bis ins 3. Jahrtausend v. Chr. nachgewiesen werden. Im 13. Jh. wurde das Dorf gegründet. 1823 zog die Familie Schliemann in das Tagelöhnerdorf, wo der Vater eine Pfarrstelle angenommen hatte. Die märchenhaften Geheimnisse um das Pfarrhaus, bronzezeitliche Hügelgräber und das mittelalterliche Raubritterschloss beflügelten die Phantasie Heinrichs bereits in frühen Kindertagen. Schon als 8-Jähriger soll er den Entschluss gefasst haben, später einmal Troja auszugraben. 1980 wurde ihm zu Ehren das Heinrich-Schliemann-Museum in dem elterlichen Haus gegründet.

Was ist zu sehen: In Ankershagen ist Schliemanns Elternhaus, ein Fachwerkbau aus der zweiten Hälfte des 18. Jh., mit Heinrichs Kinderzimmer zu besuchen. Auch Reste des Pfarrgrundstücks mit schilfgedeckten Stallgebäuden und dem sagenumwobenen „Silberschälchen", einem Teich im Park, sind erhalten. Der heutige Museumsgarten hat außerdem einen bemerkenswerten Baumbestand. Im Vorgarten befindet sich ein Nachbau des Trojanischen Pferdes. Das Heinrich-Schliemann-Museum zeigt eine ausführliche Ausstellung über das Leben und Werk des Archäologen. Außerdem sind Originalfundstücke aus Troja sowie schöne Nachbildungen aus dem Schatz des Priamos zu sehen.

Im Dorf und seiner Umgebung kann man auf den Spuren Schliemanns wandeln. Gegenüber dem Pfarrgrundstück erhebt sich die 1266 geweihte Feldsteinkirche, eine der ältesten Dorfkirchen Mecklenburgs. Auf dem angrenzenden Friedhof liegt das Grab seiner Mutter. Zahlreiche Hügelgräber, Hohlwege, der mittelalterliche Burgwall und das Renaissanceschloss aus dem frühen 16. Jh. zeugen noch heute von der Geschichtsträchtigkeit der Gegend. Über zahlreiche Feldwege und Alleen ist der Müritz-Nationalpark erreichbar.

Wissenswertes: Heinrich Schliemann lebte mit seinen Eltern acht Jahre in Ankershagen. Der plötzliche Tod seiner Mutter beendete die unbeschwerte Kindheit und er musste Ankershagen verlassen. Er besuchte die Realschule in Neustrelitz und nahm eine Kaufmannslehre in Fürstenberg auf. Nach einer Kaufmannskarriere in Amsterdam gründete er ein Handelskontor in Petersburg, das ihm ein großes Vermögen einbrachte. Nach intensiven Archäologie-, Literatur- und Sprachstudien (er beherrschte 15 Sprachen) verwendete er sein Vermögen für die Ausgrabungen vorklassischer Kulturen in der Türkei (1870-82 Troja) und Griechenland (1876 Mykene, u.a.). Er starb 1890 in Neapel als weltweit anerkannter Altertumsforscher.

Gastronomie: Gaststätte „Silberschälchen" im Dorf Ankershagen

Bewertung: Nicht nur das „Trojanische Pferd", auch die Mystik der Umgebung, die Schliemanns Phantasie angeregt hat, kann man hier erleben.

In der Umgebung: Drei Kilometer nördlich liegt mit Rumpshagen ein barockes Schloss von 1732, dessen Fassade mit bunten Glasscherben im Putz verziert ist. Es ist damit einzigartig in Mecklenburg-Vorpommern. Im verwachsenen Park haben sich eine 60 m lange, alte Hainbuchenallee sowie einige Einzelbäume erhalten.

Kamp und Klosterruine Bad Doberan

Kamp
18209 Bad Doberan
Tourist-Information:
Tel. 03 82 03/621 54
Fax 03 82 03/621 54

Anreise:
Bus: ab Rostock
Bahn: mit der Dampfbahn „Molli" von Kühlungsborn und Heiligendamm direkt ins Zentrum von Bad Doberan
PKW: auf der B 105 von Wismar und Rostock

Behindertengerechte Anlage

Café/Restaurant am Park

Zur Geschichte: Die Wiederbegründung eines Zisterzienserklosters in Bad Doberan durch Heinrich Borwin I., einem Sohn des obotritischen Fürsten Pribislaw, reicht bis 1186 zurück.
Nur wenige Kilometer von Bad Doberan entfernt wurde ab 1793 am Heiligen Damm das erste deutsche Seebad eröffnet. Dieses wurde in den nachfolgenden Jahren auch gerne von der herzoglichen Familie besucht, die wiederum den mecklenburgischen Adel und gut betuchte Bürger mit sich zog. Bad Doberan entwickelte sich daraufhin zur Sommerresidenz des Schweriner Hofs. Es entstanden prächtige klassizistische Gebäude, die einen zusammenhängend geplanten Städtebau der Zeit zeigen. Zentrum dieses Ortsteils ist der Kamp, ein fast dreieckiger Platz, der von lockerer, repräsentativer Bebauung umgeben ist. Bereits 1793 wurde er parkähnlich gestaltet. Ergänzt wurde der Platz 1809 durch einen „Roten Pavillon" im bereits seit ca. 50 Jahren beliebten chinesischen Stil, der hier wahrscheinlich auf das Chinesische Teehaus in Potsdam-Sanssouci zurückgeht. Architekt war der Landesbaumeister Carl Theodor Severin. 1813 wurde mit dem weißen Pavillon eine zweite Platzarchitektur errichtet. Entsprechend der wachsenden Bedeutung in Adelskreisen wurde in Bad Doberan 1823 eine der ersten Pferderennbahnen in Deutschland gebaut. Unter anderem liefen hier viele Pferde aus dem Gestüt Redefin. Mit der Renovierung des Roten Pavillons 1994 wurde nach einer Farbanalyse die ursprüngliche Farbigkeit von 1809 wiederhergestellt. Der Innenraum wird für den Bad Doberaner Kunstverein genutzt.
Was ist zu sehen: Noch heute ist der Kamp der zentrale Platz in Bad Doberan. Von repräsentativen, gepflegten Fassaden umgeben, erstrahlt er nach seiner Renovierung im neuen Glanz. Im Zentrum liegt die mit der umliegenden Architektur sehr stimmige Parkanlage mit den beiden Pavillons im chinesischen Stil. Alte Bäume bringen Schatten und Kühle, Rasenflächen betonen den großzügigen Rahmen. Neben dem Gymnasialbau, Logierhaus, Salongebäude, Prinzenpalais und dem Haus Severin ist das herzogliche Große Palais erwähnenswert. Es wurde

zwischen 1806 und 1810 nach Plänen von Severin gebaut. Hinter dem Gebäude befindet sich ein kleiner Park mit alten Eichen und Rasenflächen.
Nur wenige Meter Fußweg sind es zur hochgotischen Klosterkirche, eine der schönsten Norddeutschlands. Sie ist eingebettet in einen Englischen Garten mit gepflegtem Rasen, zu drei Teichen aufgeweiteten Bächen mit malerischen weißen Brücken und schönen Bäumen. Ein sich anschließender Fußweg verläuft durch den Bachgarten zur Ruine Wolfsscheune mit den Resten des alten Backsteingebäudes. Wenige Meter weiter steht das achteckige Beinhaus aus der Backsteingotik um 1230, in dem Gebeine aus neun Mönchsgräbern aufbewahrt wurden. Zurück vor der Kirche steht ein Denkmal für einen Schwan. Dieser kam, so die Legende, nach dem Abschuss des ersten Hirschen durch Fürst Borwin I. geflogen und rief „dobr, dobr" (deutsch: gut, gut) und „an" (deutsch: Platz) und gab so den Namen des Ortes.

Kinder: Die Fahrt mit der Dampfbahn „Molli", die seit 1886 mit dem typischen Bimmeln und Schnaufen auf Tour ist, ist ein unvergessliches Erlebnis für alle Kinder.

Bewertung: Kamp und Klosterkirchenbereich sollten beim Ostseeurlaub auf jeder Ausflugsliste stehen.

In der Umgebung: Wenige Kilometer gen Westen liegt mit dem 1793 gebauten Heiligendamm das erste und ehemals berühmteste Seebad Deutschlands. Pläne für eine Sanierung sind noch nicht beschlossen.

Kurpark und Dahlienschau Bad Sülze

Saline
18334 Bad Sülze
Blumenladen Clasen: Tel. 03 82 29/808 14
Salzmuseum: Tel. 03 82 29/553

Eintritt: Erw. DM 6,- zum Fest / DM 2,- für Garten

Anreise: Im Ort den Wegweisern zum Salzmuseum folgen.

Führungen: auf Anfrage

Behindertengerechte Anlage

Café/Restaurant am Park

Zur Geschichte: Die Fläche des heutigen Kurparks Bad Sülze war ab 1822 Stätte der Salzproduktion. Schon seit über 1000 Jahren wurde hier zuvor Sole gewonnen. Nach Einstellung der 85 Jahre andauernden Produktion in der Saline im Jahr 1907 wurden große Teile des Geländes in einen Landschaftspark, der als Kurpark genutzt wurde, umgestaltet.

Nach Jahren des Verfalls wurde 1980 der Gärtner Clasen vom Kurhaus angestellt. In nur wenigen Monaten kultivierte er die 13 ha brachen Landes und vermehrte in einem neuen Gewächshaus Dahlien. Diese hatte er in den umliegenden Kleingärten von den Besitzern erbeten. Im September 1981 veranstaltete er mit ihnen eine erste Ausstellung. Auffälligstes Objekt war ein großer Schuh, der aus in Draht gesteckten Dahlienblüten gearbeitet war. Auf Fragen aus der Bevölkerung antwortete Clasen, dass Schau auf Plattdeutsch Schuh hieße. Und eine Schau sei das doch wohl hier.

Im Jahr 1994 erwarb die Stadt den Kurpark, den sie schon seit 1991 bewirtschaftet hatte, vom Land. 1999 hat Frau Damaschke, die Tochter von Herrn Clasen, die Veranstaltung der Dahlienpräsentation übernommen und damit vorerst vor ihrem Ende bewahrt. Mit zwei Gärtnern, die jeweils hervorragende Dahlienkenntnis haben, vermehrt, pflanzt, pflegt und versendet sie die Pflanzen.

Was ist zu sehen: Auf Flächen der alten Saline liegt der Kurpark. Weitläufig, mit zwei Teichen, Wiese sowie großen Gehölz- und Sommerblumenflächen erlebt der Besucher den landschaftlichen Park. Ausblicke in die weite Moor- und niedere Flusslandschaft sind möglich. Hauptattraktion ist die Dahlienblüte. Nachdem viele Flächen nach fast 20 Jahren des Dahlienanbaus bodenmüde geworden sind, ist zum Jahr 2000 eine neue Fläche im Park gefunden worden. Ab Ende Juli, wenn die Dahlien aufblühen, sind ca. 6000 Pflanzen in 300 Sorten zu erleben. Die Hauptblüte ist Anfang September, wenn auch das mittlerweile weithin bekannte Dahlienfest gefeiert wird.

Aus dem Kurpark führen heute noch Reste der alten Salzfahrerstraßen heraus, die durch große Alleen

erkennbar sind. Einen morbiden Charme verbreiten die Reste der alten Saline, die an vergangene Tage und einen gewissen Reichtum erinnern. Die verwitterten Hölzer sind ca. 6 m tief in die Erde gerammt und durchdringen damit die anstehende Moorschicht. Dort stehen sie auf festem Grund und dienten einst als Fundament.

Besondere Pflanzen: Die Korbblütler Dahlien, benannt nach dem schwedischen Botaniker Dahl, gibt es in vielen Formen und Farben. Von 30 cm hohen Mignon-Dahlien bis über 2 m Höhe reicht ihr Wuchs je nach Sorte. Die Knollen werden nach dem Frost ins Freiland gepflanzt. Etwas Volldünger und Kompost im Pflanzloch fördern die Blüte. Nach der Blüte mit dem ersten Frost müssen die Knollen wieder aus der Erde genommen und im Keller bei max. 6° C überwintert werden. Abwechslungsreich ist die Gestalt der bunten Blüten: Sie haben so bezeichnende Namen wie Kaktus-, Pompon-, Ballon- und Halskrausen-Dahlien.

Auf den Wiesen in der Landschaft findet sich die unter Naturschutz stehende Salzaster.

Tipp: Fast alle Sorten können auch im Versand, der im April stattfindet, bezogen werden. Blumenhaus Clasen, Inh. Birgit Damaschke. Tel. 038 229 / 80 81 4. Die Preise beginnen bei ca. DM 4,50 pro Pflanze zzgl. Versandkosten. Alle Sorten können hier ganzjährig per Foto oder live gesehen und bestellt werden.

Unbedingt an den Stadtführungen (Themen so skurril wie „Von der Moorwanne zum Moorkarussel“ oder „Moorwanderungen“) teilnehmen. Infos sind im Alten Salzamt erhältlich.

Veranstaltungen: Am 2. Septemberwochenende findet zur Hauptblütezeit das Dahlienfest statt. Sehenswert sind neben allen prächtigen, bunten Blüten die kunstvollen Plastiken aus Blüten von frischen Dahlien sowie eine Ausstellung von geschnittenen Pflanzen. Es gibt die Wahl der „Schönsten Dahlie Mecklenburgs“ und ein Rahmenprogramm auf zwei Bühnen mit vielen Handwerksständen sowie Gastronomie.

Bewertung: Einzigartig für Mecklenburg-Vorpommern ist die Sammlung von Dahlien und das Spektakel um sie herum.

In der Umgebung: Im Alten Salzamt (Saline 9, am Kurpark, Tel. 038 229 / 80 680), gebaut 1759 als Salineverwaltung, erfährt man im heutigen Salzmuseum alles über die Geschichte der Landschaft und der Menschen. Hoffentlich ist Herr Wulfert da, der hintergründig berichten kann.

Lohnend: ein Ausflug in das geruhsame Recknitztal bis Tessin. Ein Insider-Tipp, liegt es doch fernab der großen Touristenströme. Bei Zarnewanz steht der mit ca. 450 Jahren älteste Wildapfelbaum Europas. Das Kaffeetrinken in der Hausbäckerei Thelkow mit „Mecklenburger Plattenkauken“ ist ein Genuss.

Bienen- Lehr- u. Schaugarten Bantin

Wittenburger Str. 3 · 19246 Bantin
Tel. 03 88 51/252 81 · Fax 03 88 51/252 81

Anreise: Bus: 468, Ausbau Bantin von Zarrentin
PKW: Der Garten liegt im Ort Bantin unmittelbar an der Landstraße von Zarrentin nach Wittenburg.

Führungen: nach Voranmeldung
Behindertengerechte Anlage

Zur Geschichte: Die Bienenhaltung und Bienenzucht ist seit dem Mittelalter ein traditionelles Gewerbe in Mecklenburg-Vorpommern. Das Bienenzuchtzentrum Bantin enstand an dieser Stelle aus einer Imkerei, die seit 1976 vom Forstwirtschaftsbetrieb und anschließend vom Verband der Kleingärtner und Kleintierzüchter betrieben wurde. Im Jahr 1991 übernahm der Landesverband der Imker Mecklenburg und Vorpommern e. V. die Nutzung der nach der Wende landeseigen gewordenen Einrichtung. Seitdem ist ein imkerliches Zentrum entstanden, das auch heute noch ständig erweitert wird. Erste Überlegungen für die Anlage eines Schaugartens gab es 1993. Baubeginn war 1994, nachdem Pflanzen einer unrentabel gewordenen Forstbaumschule gerodet worden waren.

Was ist zu sehen: Blüten von Pflanzen in einer großen Artenvielfalt sind die wichtigsten Überlebensgaranten für Bienen. Dabei sind die Blüten zu einem Teil eher unscheinbar, wie die Kätzchen der Birke und der Hasel. Andere sind bunt, wie die von Apfelbäumen, Salbei und Rosen. Sie alle finden sich im Garten, der durch weite Wiesenflächen großzügig wirkt. Ein Bachlauf mit Teich belebt die Anlage und bietet Raum für weitere Vielfalt. 150 verschiedene Arten von Bienenweiden können über das ganze Jahr besichtigt werden. Auf einem Lehrpfad finden sich Informationstafeln und Anschauungsobjekte wie eine Ausstellung von Nistmöglichkeiten. Zentrum ist ein Lehrstand, wo Bienen an Schaubeuten zu beobachten sind und verschiedenste Imkereigeräte aus Vergangenheit und Gegenwart demonstriert werden.

Besondere Pflanzen: Im Garten stehen über 150 verschiedene Pflanzen, die den Bienen über das Jahr als Nahrungsquelle dienen und ihrerseits alle auf Bestäubung durch Insekten angewiesen sind.

Kinder: Von Schulklassen wird das Schau- und Informationsangebot gerne genutzt. Neben dem Frühstück mit frischen Honigbrötchen werden Videofilme sowie Führungen durch die Imkerei, den Garten und zu den Bienen-Königinnen angeboten.

Gastronomie: Nach vorheriger Anmeldung kann eine komplette, honigproduktreiche Bewirtung in den eigenen Räumen erfolgen.

Tipp: Der hier nach altem Rezept produzierte „Bärenfang" ist ein angenehm wohlschmeckender Honiglikör, der aus eigenem Honig, Wodka und geheimen Zutaten hergestellt wird. Wer weitere Bienen- und Honigprodukte kaufen möchte, kann dies im kleinen Hofladen tun. Im Angebot sind neben Honig und selbstgefertigten Wachskerzen auch Honigseifen und -bäder, Weine, das berühmte Gelee-Royal und Accessoires rund um die Imkerei.

Veranstaltungen: Zweimal pro Jahr findet jeweils ein Tag der offenen Tür statt. Am ersten Samstag im Mai von 10-18 Uhr wird ein Frühlingsfest zur Eröffnung der Bienensaison gefeiert. Innerhalb eines Rahmenprogramms wird ein Schwein gebraten und Musik gespielt. Der zweite Tag findet im August oder September statt. Der genaue Termin ist der örtlichen Presse zu entnehmen oder per Anruf zu erfragen. Dann wird der Honig des Jahres vorgestellt und die aus ihm hergestellten Produkte.

Bewertung: Alles über Bienen, Königinnen und Imkerei wird anschaulich und fachlich fundiert angeboten. Für Interessierte, Neugierige und zu den Veranstaltungen ohnehin: unbedingt besuchenswert!

In der Umgebung: Landschaftlich reizvoll ist die Weiterfahrt über Wittenburg, eine der ältesten Städte Mecklenburgs, nach Dümmer bis kurz vor Schwerin. Alte Obstbaumalleen begleiten die Fahrt. Zu beachten: das Barockschloss (um 1730) mit Park in Dreilützow. In Richtung Zarrentin (dort unbedingt die alte Klosterkirche anschauen) liegt das 162 qkm große Biosphärenreservat Schaalsee.

Landschaftspark Basedow

Basedow
Café „Alter Schafstall“:
Tel. 03 99 57/204 54 (Führungen)

Anreise:
Bus: Nr. 404 von Malchin
PKW: zwischen Malchin und der B 108; 1 km von der Landstraße am Malchiner See

Führungen: Schloss-, Dorf- und Parkführungen von März-Okt. durch Nachfahren der Familie Hahn

Behindertengerechte Anlage

Café/Restaurant am Park

Zur Geschichte: Das Besitztum Basedow war seit dem 14. Jh. bis 1945 Stammsitz der Familie Hahn. Auf den Fundamenten der mittelalterlichen Burg ließen sie sich im 16. Jh. eine Schlossanlage im Renaissancestil mit gestaffelten Giebeln und Turm errichten. Die fünf ursprünglich einzeln stehenden Gebäude wurden im Laufe der folgenden zwei Jahrhunderte ständig erweitert und miteinander verbunden. Um 1800 wurde der Südflügel ganz abgetragen und neu erbaut.
Im 19. Jh. erfuhr die Schlossanlage samt Umgebung grundlegende Veränderungen. Zwischen 1835 und 1840 machte P.J. Lenné mehrere Entwürfe für Park, Dorf und die umgebende Landschaft. Die Vielfältigkeit der Planungen belegt die intensive Auseinandersetzung Lennés mit dem Gebiet. Eine schrittweise Umgestaltung des Gutsdorfes in ein „geschmücktes Landgut“ vollzog sich. In die weiträumige Gestaltung bezog Lenné die Burganlage im Wald, Dolmengräber im Park (aus der Zeit germanischer und wendischer Besiedlung) und Gebäude des Dorfes (Kirche, Windmühle) ein. Wassergräben wurden künstlerisch in einen Schlossteich umgestaltet und durch Inseln und Brücken bereichert. Viele Pflanzungen wurden außerhalb des Parkbereichs vorgenommem, um den Eindruck unendlicher Parklandschaft zu erwecken. Etwa zeitgleich (1837-40) erweiterte der Schinkel-Schüler A. Stüler unter Verwendung klassizistischer und neogotischer Elemente die Schlossanlage (Torhaus, Terrasse, Lauben, Gewächshaus, Innenräume), die nun eine bessere Anbindung an die Parklandschaft ermöglichte. Auch das Dorf wurde um mehrere Gebäude ergänzt (Schule, Altersheim, Bibliothek, Forsthaus). Stüler und Lenné arbeiteten vermutlich eng zusammen und stimmten ihre Pläne aufeinander ab.
1891 brannte der Stüler'sche Südflügel ab und Albrecht Haupt (Hannover) wurde mit dem Wiederaufbau beauftragt. Im Anklang an den erhaltenen Renaissancebau ließ A. Haupt im Zuge des Neubaus die Gesamtanlage dem Stil der Neoterrakottarenaissance anpassen. Die Schlossfassaden wurden mit Terrakottaplatten - Medaillonabgüsse von Statius von Düren, dem berühmten Lübecker Baukera-

miker des 16. Jh. - verziert. Nachdem die Familie Hahn nach dem Krieg enteignet wurde, diente die Anlage 1945 als Flüchtlingsunterkunft. In Basedow richtete man Sammellager für Zwangsarbeiter ein und Park und Schloss wurden zweckentfremdet und verfielen. 1972 wurden sogar die erhaltene Terrasse und der originale Renaissancegiebel abgetragen. Doch schließlich besann man sich auf den Denkmalwert der Anlage und begann 1986 mit Restaurierungsarbeiten am Schloss. 1988 folgten die aufwendige Rekonstruktion der mit Schutt und Abfall verfüllten Gräben und Schlossteiche. Nach der Wende wurde die Schlossfassade für ca. DM 3 Mio. durch die Treuhand renoviert. Da die Gestaltung nicht nur den Park und das Schloss, sondern auch das gesamte Dorf und die umgebende Landschaft betrifft, wurde das Ensemble 1985 als komplexes Denkmal unter Schutz gestellt. Der Park wurde unter Leitung des Landschaftsarchitekten Stefan Pulkenat rekonstruiert.

Was ist zu sehen: Heute präsentiert sich das Schloss als organisch gewachsene, unregelmäßige Dreiflügelanlage mit Bauteilen aus mehreren Jahrhunderten: Fundamente der Burgruine (Schlossnordseite, 14. Jh.), Renaissancebau (Mittelflügel, 16. Jh.), Nordwestflügel (17. Jh.), Reste der Stüler'schen Anlage (19. Jh.) und der weitgehend erhaltene Bau von A. Haupt (um 1900). Die Elemente von A. Haupt prägen heute das Bild der Anlage als typischen Bau der Norddeutschen Neoterrakotta-Renaissance. Die Fassade des weißen Schlosses wird durch zahlreiche Reliefs aus Terrakotta geschmückt. Neben den Terrakotta-Reliefs sind die feinen Sandsteinarbeiten im Innenhof sehenswert. Die schwere Eichentür ziert das Familienwappen. Der Renaissanceflügel ist einer von wenigen in Mecklenburg-Vorpommern, die den Dreißigjährigen Krieg bis heute nahezu unverändert überstanden haben. Von der Innenausstattung blieben Stuckreliefs erhalten. Die Arbeiten sind von handwerklich hoher Qualität.

Der lichte und befreiend offene Landschaftspark wird nach Osten, Norden und Westen durch einen alleeartigen Parkweg, den sogenannten Drive, begrenzt, der fast das ganze Dorf umschließt. Ein innerer Ringweg führt vom Schloss vorbei am Schlossteich durch den Kernbereich des Landschaftsparks. Es sind viele verschiedene Wege möglich, doch immer wieder wird der Besucher von unerwarteten Sichtachsen überrascht. Ein Spaziergang eröffent ständig Ansichten des Parks und der in die Gestaltung einbezogenen Landschaft. Die Bilderwechsel erfolgen nach und nach wie bei einer Inszenierung. Baumgruppen aus heimischen Arten, Fernblick, Schafsherden auf der Weide, Wasser mit interessanten Spiegelungseffekten, Kirchturm, Wiesen, Pferdekoppel, Brauereiturm, Einzelbaum oder Hügel. Vorhandene Großsteingräber wurden ebenso malerisch ins Bild gesetzt wie Gebäude aus der Ortschaft. Baumpflanzungen wurden gezielt als Rahmung interessanter Sehenswürdigkeiten oder zur Vertuschung störender Elemente mit alleeartiger oder torähnlicher Wirkung eingesetzt. Ausblicke in die Tiefe gestaffelter Landschaft beeindrucken ebenso wie die mächtige Eichengruppe. Von Zeit zu Zeit sollte man nicht versäumen, einen Augenblick zu verweilen und einen Blick zurück zu werfen. Alles, was so beiläufig und natürlich aussieht, ist geplant und wurde gestaltet. Das Weiß der Schlossfassade verkündet weithin sichtbar die abgeschlossenen Renovierungsarbeiten.

Besondere Bauwerke: Der Marstall von A. Stüler wurde 1835 ursprünglich als Reithalle (Bohlenbinderkonstruktion) mit Logen (klassizistische Decken- und Wandmalereien) errichtet. Die Seitengebäude dienten als Pferdeställe. Das berühmte Gestüt war mit seinen bis 1920 gezüchteten „Basedower Rappen" über die Landesgrenzen hinaus bekannt. Rennpferde und Arbeitskräfte wurden teilweise aus England nach Basedow geholt.

Die Kirche aus behauenen Feldsteinen stammt ursprünglich aus dem 13. Jh., das Schiff wurde im 15. Jh. (Spätgotik) erbaut und der Turm im 19. Jh. (Stüler). Sie ist das Wahrzeichen des Ortes und wurde künstlerisch reich ausgestattet (Altar, Epitaphien der Renaissance). Sie beherbergt eine der wertvollsten Orgeln (1680) Deutschlands von S. Gerke und H. Herbst.

Gastronomie: Bauernmarkt & Café „Alter Schafstall"; März-Okt. tägl. 9-19 Uhr

Anette Gräfin Hahn von Burgsdorff

Veranstaltungen: An sieben Sonntagen im Jahr finden künstlerisch hochwertige Orgelkonzerte in der Dorfkirche statt.

Bewertung: Basedow ist einer der schönsten Landschaftsparks von Lenné in Mecklenburg-Vorpommern. Der Besucher findet eine optimale Verbindung von Kunst und Natur.

In der Umgebung: Um 1562 entstand das auf einer Anhöhe thronende Renaissance-Wasserschloss Ulrichshusen südlich von Basedow. Nach 1945 verfiel das Gebäude und ein Großbrand 1987 tat ein Übriges. Im 19. Jh. wurde ein Landschaftspark unter Einbeziehung älterer Bereiche angelegt. Gut erhaltene, alte Solitärbäume und Baumgruppen im Park und der umgebenden Landschaft zeugen von der einstigen Gestaltungskonzeption.

Gutspark Behrenhoff

17498 Behrenhoff

Anreise: B 96 zwischen Greifswald und Jarmen; etwa mittig ab, 2 km bis Behrenhoff

Zur Geschichte: „Busdorf" wurde 1249 mit einer Feldstein-Backsteinkirche erstmals urkundlich erwähnt. Die erhaltene Kirche bekam 1674 einen freistehenden Glockenstuhl. Bereits seit 1386 ist die Familie Behr im Dorf ansässig und entwickelte sich zu einer wohlhabenden Familie. Anfang des 19. Jahrhunderts wurde der Ort in Behrenhoff umbenannt. P.J. Lenné entwickelte 1840 eine Konzeption zur Gestaltung des Gutsparks. Der nördliche Parkbereich konnte nach seinen Plänen sofort umgestaltet werden. Im südlichen Teil wurde jedoch erst 1860 nach Trockenlegung des Torfmoors durch Torfstecherei ein See angelegt und später in die Parkgestaltung eingebunden.

Um 1900 entstand die Toranlage mit Bären- und Wappenschmuck am Eingang des Gutes sowie ein Pferdestall, die einzigen heute noch erhaltenen architektonischen Elemente der alten Gutsanlage. Im Mai 1945 wurde das Schloss bei einem Brand total zerstört und anschließend abgetragen. Eine Theorie besagt, dass der Gutsbesitzer selbst das Feuer gelegt haben soll, um den herannahenden Russen nichts zu übergeben. Eine andere nennt ausgebeutete polnische Landarbeiter als Brandstifter. Heute steht der Park als Denkmal der Gartenkunst unter Denkmalschutz.

Was ist zu sehen: Der langgestreckte, 10 ha große Park wird durch die wenig befahrene Dorfstraße in zwei Teile gegliedert. Den nordöstlichen Bereich betritt man durch das „Bärentor", welches aus verputzten Pfeilern gebildet wird. Beide werden von je einem Bären mit Wappenschildern bekrönt. Daneben geben Schautafeln mit einem Plan Hinweise zur Orientierung. Diese Seite ist schon weitestgehend von unerwünschtem Aufwuchs der letzten 50 Jahre befreit worden. ABM-Gruppen sind hier regelmäßig im Einsatz. Wichtige Einzelbäume wurden freigestellt und Räume sind wieder erkennbar geworden. Störend wirkt ein Fußballfeld auf der ehemaligen Festwiese. Einen immer wiederkehrenden Blickpunkt bildet die erhöht liegende Kirche. Ein mit Feldsteinen befestigter Weg führt hinauf zum Standpunkt des ehemaligen Schlosses, von dem nur noch ein Haufen Steine zeugt.

Im tiefer gelegenen westlichen Parkbereich liegt der Parksee. Ein Rundwanderweg führt herum und sollte nach einem großzügigen Ausholzen wieder die für Lenné so wichtigen Blickbeziehungen in die weite Landschaft ermöglichen.

Besondere Pflanzen: Der sehr reiche Bestand an selteneren Baumarten ist auf der Info-Tafel erklärt.

Gastronomie: Landgasthof in Neu Dargelin

Bewertung: Ein verwachsener Diamant, der nach und nach freigeschliffen wird.

In der Umgebung: Kartlow: Historischer Schlossbau (1853/58) in romantischer Nachempfindung spätmittelalterlicher deutscher Burgen nach Plänen von Friedrich Hietzig. Park von Lenné, 1840 datiert, heute stark verwachsen. Das Schloss wurde an Nachfahren der Familie von Heyden verkauft.

Schlosspark Bellin

18292 Bellin

Anreise: 12 km südlich von Güstrow, Anfahrt über Zehna

Zur Geschichte: Reichsgraf von Sala ließ 1746 ein Barockschloss erbauen und vermutlich etwa gleichzeitig eine barocke Gartenanlage anlegen. Sie war stark von Achsen und Symmetrien geprägt. Als das Anwesen 1912 in den Besitz von Henry Brarens Sloman kam, ließ dieser das alte Schloss abreißen und ein viel größeres im Stil des Neobarock erbauen. Die Pläne dafür schuf Paul Korff. Die ehemaligen barocken Achsen wurden dabei beachtet und wieder aufgenommen. Im Wirtschaftstrakt sind die Seitenflügel des alten Schlosses mit der schönen Rundbogengliederung erhalten geblieben. Nach 1945 bewohnten Flüchtlinge das Gebäude, später zog eine Verwaltungsschule ein. 1963-79 war es SED Bezirksparteischule Schwerin und danach Kinderheim für namibische Kinder. 1989/90 wurde das Dach saniert und seitdem steht das Schloss leer.

Was ist zu sehen: In Bellin hat sich die ehemals barocke Gutsanlage in Grundzügen erhalten. In der Achse vor dem Schloss bildet sie zusammen mit einem Torhaus samt Dachreiter, verschiedenen Wirtschaftsgebäuden und den noch erhaltenen Seitenflügeln des alten Schlosses einen von Lindenalleen gesäumten Hof. Das Schloss mit seiner klassizistischen Hauptfront zum Gutshof ist noch heute wertvoll ausgestattet. An die Gartenfront mit Wintergarten schließt sich eine große Terrasse an und eine geschwungene Freitreppe führt in den Garten. Der 16 ha große Park erstreckt sich an drei Seiten um das Gebäude. In der hinteren Achse des Schlosses steigt das Gelände über mehrere terrassenartige Ausformungen stark an und endet auf einem Aussichtsplateau am Parkrand. Die Schneise wird von einem dichten Gehölzgürtel begrenzt. Buchenhecken, Eiben und Buchspflanzen könnten sich aus der Barockzeit erhalten haben.

Westlich des Schlosses erstreckt sich ein großes rechteckiges, teils von Mauern und Balustraden eingefasstes Wasserbecken, in dessen Eck ein offener Pavillon eingelassen ist. Entlang der unverbauten Uferkante stehen schöne Exemplare von Hängebuchen, Eichen und Weiden. Durch Dickicht hindurch finden sich Reste eines Obstgartens. Östlich des Schlosses, versteckt zwischen wild wachsenden Gehölzen, ruht ein ebenfalls von Mauern eingefasster romantischer Seerosenteich. Am Parkrand auf einer Anhöhe gelegen thront ein großes Mausoleum unter einer alten Douglasie.

Die teilweise waldartige Bepflanzung besteht vorwiegend aus einheimischen Gehölzen, nur vereinzelt findet man Solitärbäume (Trauerweide, Stileichen, Platanen, Trauerbuchen). Der große romantische Park ist heute teilweise verfallen und verwildert. Regelmäßige Formen und bedeutende Achsen werden zwar stark überwachsen, prägen die Anlage dennoch deutlich. Es gibt kein durchgängiges Wegenetz mehr und die Kleinarchitekturen bröckeln. Trotzdem zeugen die Relikte vergangener Zeiten von der einstigen Pracht und Schönheit. Die Mischung aus strenger Formengebung und wildem Wachstum gibt der Anlage den besonderen Reiz.

Besondere Pflanzen: Östlich des Schlosses sind zwei prächtige Pyramideneichen zu bestaunen.

Besondere Bauwerke: In der spätromanischen Feldsteinkirche (um 1240) steht der Steinsarkophag des Grafen von Sala.

Bewertung: Derzeit ist es ein kalkulierbares, interessantes Abenteuer, den in Teilen verwachsenen Park zu erkunden. Die Substanz ist vorhanden. Am „Seerosenteich" (s. S. 7) fühlt man sich an Monet erinnert.

Gutspark und Arboretum Blücherhof

17194 Blücherhof
Tel. 03 99 33/705 98

Anreise:
Bus: bis Blücherhof
PKW: B 108 bis Klocksin, von dort 2,6 km bis zum Park

Führungen: auf Anfrage möglich

Zur Geschichte: Im Jahr 1904 hatte der Bonner Privatgelehrte und Zoologe Prof. Dr. Alexander König (1858 – 1940) das Gut gekauft und baute das Herrenhaus im neobarocken Stil um. Es diente ihm als Sommersitz. Als Landschaftsgarten im englischen Stil ließ er vom Gartenarchitekten Kuphalt einen 8 ha großen Park mit Teichen, Wiesen, Beeten, einem Wegenetz und Gehölzen gestalten. Dabei verwendete er unter anderem etwa 200 verschiedene Baumarten. Einen der Teiche soll er für Schildkröten sogar beheizt haben, damit die Tiere im Winter nicht erfrieren konnten. 1967 wurde die Parkanlage unter Schutz gestellt. Im Schloss befindet sich ein Kinderheim des Arbeiter-Samariter-Bundes. Die Trägerschaft für die Pflege hat der Landkreis Müritz übernommen. Der Gutshof am Schloss wurde von einem Privatmann gekauft und wird renoviert.

Was ist zu sehen: Am Rande der Mecklenburgischen Schweiz liegt der Blücherhof. Nach der Anfahrt über abenteuerliche Straßen wird der Besucher mit einer Attraktion im Mecklenburger Raum belohnt: ein erhaltenes Gut aus dem 20. Jahrhundert mit einem Arboretum. Schloss und Park sind durch eine 800 m lange Mauer und sehenswerten Neorokokoportalen von Dorf und Gut getrennt. Dennoch sind sie als seltenes, erhaltenes Ensemble untrennbar miteinander verbunden. Hinter dem Schloss findet sich ein Park mit einem über ein Kilometer langen Wegenetz, kleinen Pavillonen, mit Teichen, Wiesen, Strauchgruppen und eben Bäumen. Die Vielfalt der Baumarten machen den Park zu einem Baumpark, einem Arboretum (lat. arbor = der Baum). Hier aufgestellte Bestandspläne weisen dem Besucher die Übersicht und geben Auskunft über die einzelnen Sorten und Standorte der Gehölze. Der Park sollte für den Gestalter die Welt widerspiegeln, die er sonst bereiste. So finden sich noch heute zahlreiche verschiedene, zum Teil exotische Arten aus aller Welt im Park. Silbertannen, Schirmtannen, japanische Lärchen, Urwelt-Mammutbäume, Douglasien, Gingkos und viele andere. Einige sind sogar in den letzten Jahren am alten Standort nachgepflanzt worden.

Besondere Pflanzen: Im Jahr 1904 wurden die exotischen Schirm- und Silbertannen gepflanzt. Ein Mammutbaum wurde 1979 nachgepflanzt.

Besondere Bauwerke: Sehenswert sind die beiden 1908 in Bad Godesberg hergestellten eisernen Parktore im Stil des Rokoko. Sie wurden 1982 restauriert. Über dem Schlosseingang befindet sich ein hübsches Vordach.

Bewertung: Ein Besuch stellt einen interessanten Exkurs in die Dendrologie dar.

Botanischer Garten Christiansberg

Christiansberger Straße 123
17375 Christiansberg
Tel. 03 97 75/201 38

Öffnungszeiten: ganzjährig geöffnet

Anreise: Der Park liegt zwischen Ueckermünde und Torgelow nordöstlich von Eggesin bei Luckow. Bus: von Ueckermünde, Station Christiansberg nur an Schultagen

Führungen: für Gruppen nach Anmeldung

Zur Geschichte: Nach dem Kauf des Grundstücks und ihrem Umzug von einer nahen Neubausiedlung im Jahr 1982 begannen die beiden Freunde Walter Kapron und Manfred Genseburg mit der Gestaltung ihres Gartens. Bisher hatten sie „nur" die Anlagen um den Neubaublock und einen Kleingarten begrünt. Auf zunächst knapp 8000 qm Fläche begannen sie die ehemalige Hofanlage nach ihren persönlichen Vorstellungen zu gestalten. 1997 kauften sie noch einmal 5000 qm hinzu, die alsbald in die Gartenanlage einbezogen wurden.

Was ist zu sehen: Ein unerwarteter botanischer Höhepunkt überrascht den Besucher in Christiansberg bei Eggesin nahe Ueckermünde. Weit über 1500 verschiedene Pflanzenarten und -sorten finden sich hier. Sie sind nach dem Geschmack der Gestalter im Garten angeordnet. Ganzjährig finden sich blühende Pflanzen in der hervorragend gepflegten Anlage. Kaum sonst irgendwo findet der Besucher ein so breites Spektrum an Gartenpflanzen. Alle wurden mit den jeweiligen Begleitpflanzen zusammen arrangiert. Gut ergänzen sich Gehölze, Stauden, Rosen und Blumenzwiebeln. Schwerpunkte liegen bei Rhododendron und Magnolien. Über 30 verschiedene Arten der zarten Tulpenbäume mit den weich behaarten Knospen blühen hier von April bis Juni. Sie stammen aus Holland, Belgien und Spezialgärtnereien in Norddeutschland. Zudem gibt es eine Anzahl von Historischen Rosen mit ihrem kräftigen Duft und romantisch anmutenden Blüten. Gleich am Eingang findet man die Rosa omeiensis pteracantha, die ganzjährig durch ihre kräftigen Stacheln auffällt. Weitere Themen in dem eng bepflanzten Grundstück sind ein Teich, Heidegarten und immergrüne Gehölze.

Der Eintritt ist frei, eine Spende in die dafür vorgesehene Dose ist jedoch sehr willkommen und kommt dem Garten zugute.

Gastronomie: Landgasthof in Luckow mit Mittagessen und Kaffeetrinken

Veranstaltungen: In loser Folge finden hier kleinere Konzerte statt, die in der örtlichen Presse angekündigt werden.

Bewertung: Für Urlauber und Menschen, die sich Anregungen holen oder entspannen möchten. Hier gibt es sehr viel zu entdecken. Liebevoll und persönlich gestaltet.

In der Umgebung: Im „Grafenwinkel" zwischen Anklam und Friedberg an der B 197 liegt das Gut Stretense. Bis ins 19. Jahrhundert gehörte es den Grafen von Schwerin. Nachdem das sehenswerte Gut mit hübscher Kapelle gegenüber dem Schloss an die Familie von Heyden-Linden verkauft worden war, wurde 1886 ein Schloss im Stil der Neogotik mit Treppengiebel und Dachreiter errichtet. Dahinter erstreckt sich ein Park mit Rasen, vielen Hainbuchen, Douglasien, Kiefern und Eichen. Die Unterpflanzung erfolgt mit Schneebeeren. An den Wänden blühen Kletterrosen an V-förmig aufgefächerten Spalieren. Das Wegenetz ist nur in Teilen erhalten. In der nicht symmetrischen Schlossachse liegt eine Teichanlage mit einer halbinselartigen Landzunge. Der nahe Bachlauf ist verlandet.

Wisentgehege Damerower Werder

Damerow
Forstamt Jabel:
Tel. 03 99 29/702 51

Anreise: Liegt an der Regionalstraße zwischen Waren / Müritz und Malchow nördlich des Kölpinsees. Die Anlage ist ausgeschildert.

Behindertengerechte Anlage

Zur Geschichte: Nachdem die Wisente weltweit fast ausgestorben waren - Anfang der 1920er Jahre gab es nur noch 26 reinblütige Tiere - wurde ab 1957 eine Nachzucht auf dem Damerower Werder begonnen. Die Lage war gut geeignet, da die Tiere von der Halbinsel nicht fliehen konnten und sie durch die Waldbestände gute Lebensbedingungen vorfanden. Wissenschaftlich betreut wurde das Programm durch Professor Dathe aus Berlin. Auf anfangs 25 ha wurden zunächst zwei Tiere aus Polen ausgesetzt, die durch Vermehrung und Blutauffrischung aus anderen Reservaten und Zoos auf eine größere Herde angewachsen sind. Nachdem die Bestände ab Mitte der 70er Jahre mit weltweit 1500 Tieren als gesichert angesehen werden konnten, rückte die Öffentlichkeitsarbeit verstärkt in den Vordergrund. Heute wird das Gehege durch das Forstamt in Jabel betreut.

Was ist zu sehen: Auf der über 300 ha großen und überwiegend bewaldeten Halbinsel des Damerower Werder im Kölpinsee werden heute auf 280 ha Fläche Wisente gehalten. Über einen sandigen Weg, vorbei an großen Ameisenhaufen und Informationstafeln, gelangt man nach ca. 10 Minuten vom Parkplatz zum Schaugehege. Ein massiver Zaun verhindert, dass die kräftigen Tiere ausbrechen. Von einer Aussichtsplattform hat man besonders zur täglich um 10 und 15 Uhr stattfindenden Fütterung einen guten Überblick. Hinter dem Schaugehege sind nicht zugängliche Freigehege, in denen die Tiere in natürlichen Herden leben und auch nur bei Bedarf im Winter zugefüttert werden.

Kinder: Jedes Kind wird von den mächtigen und tief schnaufenden Tieren langfristig beeindruckt sein. Die Atmosphäre erinnert an Indianerfilme.

Wissenswertes: Der zur Gattung der Bisons gehörende Wisent ist ein typisches Waldrind, das sich in lichten Wäldern und Steppen aufhält. Schon bei der Geburt sind Wisente ca. 30 kg schwer und wachsen auf bis zu 1150 kg (hier in Damerow) heran. Sie erreichen ein Alter von 20 bis 30 Jahren.

Veranstaltungen: Die Fütterungen finden täglich um 10 und um 15 Uhr statt.

Bewertung: Besonders für Kinder ein Erlebnis.

In der Umgebung: Eine schon von Fritz Reuter beschriebene, „1000"-jährige Eibe steht in Jabel im Pfarrhof (rechts neben der Kirche von der Hauptstraße aus)!

Landschaftspark Dammereez

Schloßstraße
19273 Dammereez
Tel. 0388 48 / 215 16

Anreise:
PKW: B 5 zwischen Boizenburg und Ludwigslust; in Vellahn nach Brahlstorf (auch Bahnstation), von dort 2 km nach Dammereez

Führungen: Förderverein „Dammereezer Park e. V.“, Tel. 0388 48 / 21 516

Behindertengerechte Anlage

Café/Restaurant am Park in Banzin und Brahlstorf

Zur Geschichte: Dammereez hatte sich im Laufe von mehreren Jahrhunderten seit der ersten Erwähnung im Jahre 1194 zu einem typischen mecklenburgischen Gutsdorf entwickelt, als Hartwig von Többing das Lehngut im Jahr 1769 an Ludolph von Laffert verkaufte. Es blieb bis 1931 in Familienbesitz. Das vorhandene Gutshaus ließen die Lafferts 1864 renovieren und bauten es zweigeschossig aus. Auf einer Fläche von gut 6 ha wurde zwischen 1800 und 1830 ein Landschaftspark im englischen Stil mit zwei Teichen angelegt. In die Gestaltung wurden vorhandene Gehölze mit einbezogen. Ergänzt wurden sie durch viele Exoten, die in der „Laffertschen Baumschule“ auf dem Gut Lehsen (Sanierung bis 2000) bei Wittenburg gezogen wurden. Dort war zu Beginn des 19. Jahrhunderts neben Obstgehölzen auch eine große Anzahl von fremdländischen Baum- und Straucharten zur Gestaltung von Schloss- und Gutsparks produziert worden.

Mit dem Tod des Besitzers Petersen zu Kriegsende 1945 übernahmen die Russen das Gut und bewirtschafteten es bis 1947. Nach der zeitweisen Zerstörung des Teichabflusses ab 1945 und damit einhergehenden Überflutungen von Parkpartien brachen mehrere Bäume um. Im Jahr 1959 wurde eine LPG gegründet, die 1989 in eine Agrargenossenschaft überführt wurde.

Mit der Gründung des Fördervereins „Dammereezer Park e.V.“, am 22. 07. 1998 bildete sich ein Kreis, der sich den Erhalt und die fachgerechte Förderung des Parks zur Aufgabe gemacht hat. Erste Erfolge sind heute schon deutlich nachweisbar. So wurden zum Beispiel zahlreiche Bäume nachgepflanzt und die derzeit zuständigen Pflegekolonnen des ABM werden fachlich betreut. Die Nachpflanzungen erfolgen mit ehemals im Park vorhanden gewesenen Baumarten am originalen Standort. Sie sind in einem Plan der Deutschen Dendrologischen Gesellschaft aus dem Jahr 1930 enthalten. Eine Teichsanierung erfolgt im Winter 2000.

Was ist zu sehen: In ruhiger Umgebung liegt der schöne und gut gepflegte Landschaftspark von Dammereez. Ein Plan neben dem Schloss zeigt die Anlage und benennt die wichtigsten Gehölze. Das Grundgerüst der Bepflanzung bilden noch heute Stileichen, Buchen, Bergahorn, Rosskastanien und Spitzahorne. Sie werden durch ein System aus gut eingepassten Wegen erschlossen. In gelungener Weise wurde der Park durch eine seltene Vielfalt von fremdländischen Gehölzen bereichert. So finden sich hier drei alte sowie ein nachgepflanzter Mammutbaum, Trompeten- und Tulpenbäume, Sumpfzypressen sowie Japanische Schirm- und Sicheltannen.

Sehenswert ist eine Gruppe aus drei Bergahornen nahe dem Eingang. Vorbei an einem mittelalterlichen Hügel und zwei Teichen gelangt man zum Friedhof mit einer kleinen Kapelle. Nur wenige Meter dem Weg folgend finden sich die größten der knorrigen Eichen.

Unbedingt anzuschauen ist auf der hier angrenzenden Rasenfläche eine mehrere Meter umspannende Rispenhortensie. Sie blüht erst im späten Sommer bis in den September hinein. Von hier hat man, leider durch weiße Gestänge von Fußballtoren hindurch, einen guten Blick auf das auf einem Hügel gelegene Gutshaus. Vorbei an Beständen von Salomonssiegel und Farnen im Krautbereich ergibt sich unter einer mächtigen Eiche hindurch ein Blick auf eine Goldeiche. Sie ist zum Kontrast vor eine Blutbuche gesetzt worden und bildet ein farbiges Parkmotiv. Gruppen von Rhododendron blühen Ende Mai.

Besondere Pflanzen: Neben der großen Vielfalt an Gehölzen sind mehrere über 400 Jahre alte Stileichen und Eschen bemerkenswert. Über 40 weitere Bäume sind mehr als 110 Jahre alt. Die beiden höchsten Bäume, eine Stileiche und eine Esche, messen jeweils mehr als 38 m Höhe. Eine im August blühende Strauchkastanie breitet sich unterhalb des Schlosses aus.

Besondere Bauwerke: Der Hügel im Osten war unterkellert und diente einst als Obstkeller und Lagerraum.

Wissenswertes: Umfassende Informationen über den Naturlehrpfad im Park enthält eine Broschüre. Sie ist über den Förderverein zu beziehen. Neben einem Übersichtsplan findet man detaillierte Beschreibungen aller im Park vorkommenden Baumarten.

Veranstaltungen: Seit 1999 findet jährlich am letzten August-Wochenende eine größere Veranstaltung zu wechselnden Themen im Park statt.

Bewertung: Ein liebenswerter Landschaftspark, der aufgrund der Substanz an Gehölzarten und der wieder begonnenen Pflege und Nachpflanzungen zunehmend Beachtung finden sollte.

In der Umgebung: Ca. 8 km nördlich liegt Schildfeld. Neben einer über 300-jährigen Eichenallee lohnt hier der Besuch des 1995 eingerichteten Waldlehrpfades am Forsthof. Am Weg finden sich 25 verschiedene beschilderte Baumarten, Informationstafeln und eine Picknickgelegenheit am See.

Kloster- und Schlossruine Dargun

17159 Dargun
Stadtinformation in der Ruine:
Tel. 03 99 59/223 81

Anreise:
Bus/Bahn: nach Dargun
PKW: 13 km westlich von Demmin an der Straße nach Malchin; die Ruine ist im Ort ausgeschildert.

Führungen: Mi 10 Uhr oder nach Anmeldung

Behindertengerechte Anlage

Zur Geschichte: Im Mittelalter eroberten die Dänen das Land slawischer Besiedler. Schließlich ließen sich dänische Mönche in Dargun nieder. Infolgedessen wurde 1171 das Zisterzienserkloster gegründet, welches bis 1552 fortbestand. In dieser Zeit entstand auch die spätromanische Klosterkirche, die später im gotischen Stil umgebaut wurde. 1556 kam Dargun in den Besitz von Herzog Ulrich von Mecklenburg-Güstrow, der sich die ehemaligen Klostergebäude zur Nebenresidenz ausbauen ließ. Es entstand etwa zeitgleich mit Schloss Güstrow, dass ihm als Hauptsitz diente – ein vierflügeliges Renaissanceschloss, dem ein Renaissancegarten angeschlossen war. Die Anlage eines Schlossgartens erfolgte von 1617-1623 unter Herzog Johann Albrecht II. als Witwensitz. Aufgrund früh eintretender Todesfälle wurden die Aktivitäten jedoch schnell gebremst. Um 1690 wurden die Anlagen im barocken Stil umgestaltet. Das Teehaus und eine vierreihige Kastanienallee entstanden. Während der Kriege im 17. Jh. wurde die Anlage arg in Mitleidenschaft gezogen und nach dem Tod des letzten Güstrower Herzogs blieben die Gebäude leer. Erst 1873 zog die erste Ackerbauschule Mecklenburgs in das Schloss ein. Im Mai 1945 brannte die Schlossanlage völlig ab und stürzte in den Folgejahren ein. Ab 1991 begannen umfangreiche Sicherungsmaßnahmen der erhaltenen Ruinen.

Was ist zu sehen: In Dargun bilden die gewaltigen Ruinen des Schlosses und des Klosters eine einzigartige Kulisse. Trotz des Verfalls ist Dargun die einzige vierflügelige Renaissance-Anlage, die sich erhalten hat. Im ehemaligen Schlosspark ist ein Teehaus (um 1700) erhalten geblieben. Hierin befindet sich heute das Trauzimmer der Stadt. Unmittelbar daneben stehen einige alte Eiben, möglicherweise die einzigen Reste der Renaissance-Gartenanlage.
Im südlichen und östlichen Parkbereich stehen einige ältere Bäume und sehenswerte Laubengänge aus alten und nachgepflanzten Hainbuchen. Ein Rundweg mit mehreren erläuterten Stationen führt durch den gepflegten Park und vorbei an den gesicherten und touristisch aufbereiteten Ruinen von Kloster, Schloss und Kirche. Der Speicher wird zu einem

„Naturum" ausgebaut und bietet dann Ausstellungsfläche für heimische Pflanzen und Umwelt.
Im Schloss, dessen Westflügel renoviert wird, befindet sich die Stadtinformation und eine Ausstellung zur Geschichte der Schlossanlage.

Besondere Pflanzen: Um den Tee-Pavillon stehen alte Eiben aus dem Barock. Sie wurden damals als Formgehölze gehalten und später nicht mehr regelmäßig geschnitten. Dadurch wuchsen sie zu mächtigen Büschen heran.

Bewertung: Ein sehenswertes Ensemble aus gewaltigen roten Mauerresten, offenen Freiflächen sowie einem interessanten Rundweg, der gut erläutert ist.

In der Umgebung: Über Demmin und Siedenbrünzow gelangt man nach Vanselow, wo in der Ruhe und Weite der Tollenseniederung das gleichnamige Schloss im spätklassizistischen Stil steht. Erbaut wurde es 1870 von Hofbaurat Daniel aus Schwerin im Auftrag des Freiherrn Ludwig von Maltzahn. Von dem heute als Hotel für entspannende Kurzurlaube oder Tagungen genutzten Gebäude bieten sich Kanufahrten (Bootshaus vorhanden) und Reittouren an. Anmeldung unter Tel. 03998 / 222096. Sehenswert ist die rekonstruierte Grabstätte der Familie von Maltzahn auf dem kleinen Friedhof der gegenüber dem Schloss stehenden Kapelle.

Rhododendronpark Graal-Müritz

Parkstraße
18181 Ostseebad Graal-Müritz
Haus des Gastes:
Tel. 03 82 06/703 0
Fax 03 82 06/703 20
www.mvnet.de/inmv/graal_mue
E-Mail kurverw.graal-mueritz@mvnet.de

Anreise:
Bahn: Schwanenberg Graal
PKW: im Ort gut ausgeschildert

Führungen: nach Voranmeldung

Behindertengerechte Anlage

Zur Geschichte: Auf Initiative vom Gemeindeangestellten Max Bäsler wurde 1955 mit dem Bau des Kurparks begonnen. Der Gartenarchitekt Friedrich-Karl Evert aus Rostock schuf in den folgenden acht Jahren in mehreren Bauabschnitten den Rhododendronpark, nachdem er feststellte, dass der Boden für Rhododendren besonders geeignet ist. 1985 wurde der Park zum Naturdenkmal erklärt.

Was ist zu sehen: In unmittelbarer Strandnähe, unter einem lichten Dach aus Kiefern und Laubbäumen, liegt der beliebte Rhododendronpark. 2500 der als Moorbeetpflanzen bekannten und zumeist immergrünen Gehölze gibt es hier. In über 50 verschiedene Arten sind sie zu unterscheiden. Von den stark duftenden, gelben Rhododendron luteum, großen, weißen Rhododendron „Cunninghams White" zu den bekannten violetten Catawbiense-Grandiflorum-Hybriden sind sie hier alle zu finden. Einige haben eine stattliche Größe von über 5 m Höhe erreicht. Viele stammen aus dem Zuchtbetrieb von Rudolf Seidel aus Sachsen bei Dresden. Rundwege führen an den meisten Pflanzen vorbei. Bänke an gepflegten Rasenflächen laden zum Verweilen ein. Ein Schachbrett bietet eine beliebte schwarz-weiße Alternative zum bunten Blühen. Für den Begründer dieser Anlage, Gartenbauarchitekt Evert, findet sich ein Gedenkstein.

Tipp: Rhododendron- und Azaleenblüte! Beste Zeit: Mai/Juni (20.5.-15.6.).

Veranstaltungen: Jedes Jahr findet ein Rhododendronparkfest am Wochenende nach Pfingsten statt. Alle zwei Jahre Wahl der Rhododendronkönigin. Im Mai und Juni finden wöchentlich geführte Wanderungen durch den Park mit der „Miss Rhododendron" statt. Am Wochenende gibt es Konzerte.

Bewertung: Für Gäste der nahen Ostseeküste findet sich in Graal-Müritz ganzjährig ein Kurpark. Für Mecklenburg-Vorpommern ist es der einzige ausgewiesene Rhododendronpark. Zur Hauptblüte sehenswert.

Botanischer Garten Greifswald

Münterstraße 2, Arboretum:
Friedrich-Ludwig-Jahn-Straße
17487 Greifswald
Tel. 038 34/86 11 30

Öffnungszeiten: Mo-Fr 9-15.45 Uhr; Sa, So, Fei 13-18 Uhr; Frühjahr/Herbst bis 16 Uhr, Winter bis 15 Uhr; Arboretum tägl. 9-18 Uhr, Okt.-April bis 15.45 Uhr

Anreise:
Bahn: von Usedom und Berlin
PKW: hinter Hbf./Stadtzentrum

Arboretum:
Bus: Linie 10 bis St. Georgsfeld
PKW: von Stadtzentrum östlich/Wolgaster Str. Richtung Park-Klinik

Führungen: auf Anfrage

Behindertengerechte Anlage

Zur Geschichte: Der Botanische Garten wurde 1763 als Arzneipflanzengarten (hortus medicus) zwischen der Stadtmauer und dem heutigen Hauptgebäude der Universität von Magister Samuel Gustav Wilcke angelegt. Aufgrund reger Bautätigkeit an diesem Standort musste er 1883 an die Grimmer Straße verlegt werden, wo er in den folgenden Jahren ausgebaut werden konnte und für Forschung und Lehre (hortus academicus) an Bedeutung gewann. Das Mitte des 19. Jh. als Gartenlokal errichtete Haus dient mit einer Gesamtfläche von 2 ha seit 1883 dem Botanischen Institut. Die Gewächshäuser stammen von 1885 und wurden 1951-55 erweitert. Zwei neoklassizistische italienische Landhäuser wurden 1875 von Landbaumeister Paul Hoffmann als Wohnhäuser errichtet. In den Jahren 1934-39 legte man schließlich den Grundstock für das heutige Arboretum. Auf einem separaten Grundstück pflanzte man zahlreiche in- und ausländische Gehölze, die sich auf einem parkartig angelegten Gelände entfalten sollten. Diese Planung konnte jedoch durch Unterbrechung des II. Weltkrieges erst in den 1950er Jahren realisiert werden.

Was ist zu sehen: Der Botanische Garten der Ernst-Moritz-Arndt-Universität Greifswald besteht aus zwei räumlich voneinander getrennten Standorten:
1. die Gewächshausanlage mit Freilandbereich,
2. das Arboretum.

Der engere Standort mit Gewächshausanlagen und Verwaltungsräumen liegt ca. 3 km vom Arboretum entfernt. Ein 12 m hohes Palmenhaus bildet hier den Mittelpunkt der Anlage. Besonders interessant: Wasserpflanzenhaus mit Riesenseerosen (Victoria). Weitere Warm- und Kalthäuser zeigen tropische Nutzpflanzen, Sukkulenten (Kakteen), Palmfarne sowie mehrere hundert Orchideenarten (zu jeder Jahreszeit interessant).
Von den insgesamt 14 Gewächshäusern ist die Hälfte öffentlich zugänglich. Im angegliederten Freilandbereich bestehen Abteilungen für Gewürz- und Heilpflanzen, ein Alpinum (Steingarten), Wasserpflanzenanlage mit naturnah angelegter Teichanlage und einheimischen Sumpf- und

Wasserpflanzen. An den letzten Urlaub erinnert ein Bereich mit Pflanzen wie Lorbeer, Ölbaum, Korkeiche, Kübelpflanzen u. a., die zur subtropischen Hartlaubvegetation zu zählen sind.
Das Arboretum ist als großzügige Parkanlage gestaltet worden. Darin sind die Gehölze nach pflanzengeographischen Gesichtspunkten geordnet. Die Quartiere haben Bezeichnungen wie Japan, Sibirien, Nordamerika usw. 1500 verschiedene Arten und Sorten sind entlang des über 2 km langen Wegenetzes zu entdecken, viele von ihnen mit typischem Unterwuchs. Bunte Staudenrabatten und künstliche Teiche aus den 50er Jahren vervollständigen das Bild. Die Beschilderung mit Namen ist selbstvertändlich. Ein Pavillon in der Mitte dient als Informationsstätte. 1972 wurde das Arboretum um einen 2000 qm großen „Heidegarten" erweitert. Die hier verwendeten Heide- und Rhododendrongewächse sind im Mai und Juni sowie von August bis Februar besonders attraktiv.

Wissenswertes: Die 8000 verschiedenen Pflanzensippen dienen primär der wissenschaftlichen Lehre und Forschung. Seit kurzem ist auch eine Botanikschule eingerichtet, die sich mit einem anschaulichen Unterricht an Schulklassen wendet.

Veranstaltungen: Im September findet im Arboretum eine Pilzausstellung mit ca. 160 verschiedenen Pilzarten statt. Pilzberater helfen bei der Bewertung der eigenen Funde. Wechselnde Ausstellungen werden über die örtliche Presse angekündigt.

Bewertung: Eine traditionsreiche Institution, die fachlich auf höchstem Niveau informiert und immer Interessantes, Blühendes und Außergewöhnliches bietet.

In der Umgebung: Die Klosterruine Eldena liegt am Ortsausgang Richtung Wolgast. Hier finden sich Reste des 1199 gegründeten Zisterzienserklosters. 1828-32 entstand eine erste Gartenanlage auf dem Ruinengelände, die durch Christian Friedrich Halliger gestaltet wurde. Teile eines abgelehnten Lenné-Plans sollen verwendet worden sein. 1926/27 fanden Ausgrabungen statt, später wurde eine Freilichtbühne eingerichtet.
Wenige Kilometer entfernt liegt das 1577 als Witwensitz für Herzogin Hedwig Sophie von Pommer-Wolgast begonnene Schloss Ludwigsburg. Der heute verwachsene Park wurde in der zweiten Hälfte des 18. Jh. im spätbarocken Stil angelegt und um 1830 nach Süden um einen Landschaftspark erweitert.

Gutsanlage Griebenow

Parkstraße
18516 Griebenow
Tel. 03 83 32/803 36

Anreise: Liegt zwischen Greifswald und Demmin/Grimmen an der Landstraße.
Bus: von Greifswald, Station Griebenow

Führungen: nach Anmeldung

Behindertengerechte Anlage

Zur Geschichte: Die im 13. Jh. gegründete Ortschaft kam als Ergebnis des Dreißigjährigen Krieges in Besitz von Gerdt Anton Rehnschilds vom schwedischen Geschlecht der Keffenbrincks. Er übernahm das alte Fachwerkschloss mit der von vier Gebäuden begrenzten Hofanlage und ließ es umbauen. Gleichzeitig ließ er eine neue Kapelle anstelle einer älteren und einen ersten Garten anlegen. Doch erst sein Sohn Carl Gustav errichtete 1707-09 das Schloss als zweigeschossigen Putzbau mit einer puttenverzierten, geschwungenen Freitreppe. Der Garten wurde um 1761 nördlich und östlich des Schlosses im barocken Stil umgestaltet. Alleen gliedern die Anlage. Auf einer Insel im künstlich aufgestauten Teich (auf der vermutlich ursprünglich das Schloss erbaut werden sollte) wurden regelmäßige Beete angelegt. Im 19. Jh. folgten größere Umbauten. Alle Neben- und Wirtschaftsgebäude außer den Meutetürmen wurden abgerissen und durch neue ersetzt. Der Garten wurde in einen 14 ha großen Landschaftspark umgewandelt, der nur Teile der barocken Anlage bewahrte. Eine Kastanienallee prägte nun die Platzanlage vor dem Schloss.

Nach 1920 wurde der Park zunehmend vernachlässigt. Das Schloss diente als Müttergenesungsheim, Tbc-Heilstätte und Altersheim. Erst 1980 begannen Sicherungs- und Erneuerungsarbeiten am Schloss, an der Kapelle sowie Pflegearbeiten im Park, die nach 1990 verstärkt wurden. 1988 wurde das Schloss geräumt. Heute ist hier eine Begegnungsstätte für Wissenschaft, Kultur und Wirtschaft eingerichtet. Gute Kontakte bestehen zur Universität Greifswald. In den Nebengebäuden befinden sich ein Alten- und Kinderpflegeheim.

Was ist zu sehen: Wer nach Griebenow kommt, der könnte denken, dass die Zeit stehen geblieben ist. Nur einige neue Autos in der Hofanlage deuten auf Technik und Moderne hin. Kaum frische Farbe an den Gebäuden – aber auch kein allzu starker Verfall. Kein Abbruch, aber auch keine unkontrolliert errichteten neuen Bauten (mehr) im Park. Der Schlosskomplex mit Wirtschaftsgebäuden hat sich in seinen Grundzügen aus dem 19. Jh. erhalten.

Teilweise ist auch die Innenausstattung (Paneele, Wandschrank, Stuckarbeiten, Kamine, Wandmalereien) noch heute zu bewundern. Im südlichen Schlossareal befindet sich vor den zahlreichen ehemaligen Wirtschaftsgebäuden die sehenswerte Kapelle. Sie ist wieder in historischer Farbgebung hergestellt und wird von einem kreisförmigen Friedhof, auf dem die Gräber von flachen Buchsbaumhecken eingefasst sind, umgeben. Eine Backsteinmauer mit Rundbögen aus der Mitte des 18. Jh. begrenzt das Areal. Den Eingang bildet der hölzerne Glockenturm mit seinen zwei frei hängenden Glocken. Wenige Meter weiter führt eine vierreihige alte Kastanienallee gerade auf das Schloss zu. Im landschaftlichen Schlossgarten sind die barocken Formen erkennbar geblieben. So ist die Insel fast noch rechteckig, die Ufer beinahe gerade. Rechts vom Schloss liegt ein kleiner, abgesenkter Rosengarten, der in vier Segmente geteilt ist, die jeweils durch Buchshecken umgeben sind. Eine helle Schneise öffnet den Park über Wiesen in die weite Landschaft. Ein Rundweg erschließt vieles Sehenswerte. Zu finden sind das ehemalige Fasanenhaus und der Eiskeller (beginnendes 20. Jh.). Die durch ABM-Kräfte gepflegte Anlage weist einen schönen Bestand an heimischen Gehölzen auf. Waren es früher mehr Ulmen, so sind nach dem Ulmensterben der letzten Jahre nun mehr Linden erhalten. Ab Ende Februar finden sich hübsche Verwilderungen von Schneeglöckchen.

Besondere Bauwerke: Die vermutlich im 15 Jh. erbaute Fachwerkkapelle wurde 1653/54 durch eine neue Schlosskapelle mit Familiengruft als fünfzehnseitiger Zentralbau mit freistehendem Glockenstuhl ersetzt und kostbar ausgestattet (umlaufendes Gestühl, Altar, Orgel, mittelalterliche Grabplatten). 1980 wurde die stark baufällige Kapelle restauriert. Die Meutetürme ließ Carl Gustav gleichzeitig mit dem Schloss (1707-09) erbauen. Sie dienten ursprünglich den Hundemeuten, die zur Jagd benötigt wurden, als Unterkunft. Die meisten anderen Gebäude der Anlage sowie die Gutskaten entlang der Dorfstraße entstanden im 19. Jh.

Veranstaltungen: Im Schloss finden wechselnde Ausstellungen und Konzerte statt. Besichtigungen: Mo-Fr von 10-15 Uhr, Sa u. So von 14-16 Uhr.

Bewertung: Eine friedliche, ländliche Schlossanlage mit gut erhaltenen Gebäuden. Als Ensemble sehr sehenswert.

In der Umgebung: Ein hübscher Park mit nennenswerten Verwilderungen von Schneeglöckchen und Märzenbechern liegt in Engelswacht nahe Miltzow an der B 96 nördlich von Greifswald.

Landschaftspark Groß Gievitz

17192 Groß Gievitz
Tel. 03 99 34/73 69 (Herr Garmshausen)
Fax 03 99 34/73 69

Anreise: von Waren/Müritz auf der B 192 nach Penzlin; noch im Ort links ab nach Groß Gievitz

Führungen: auf Anfrage möglich

Zur Geschichte: Das Gut Groß Gievitz war seit 1140 über 650 Jahre im Besitz der Familie Voss, als um 1800 August Ernst von Voss und seine Frau Luise Caroline das ehemals barocke Ensemble bezogen. Sie begannen mit dem Wiederaufbau der völlig heruntergekommenen Dorf- und Gutsanlage. Nach dem Hausbau wurde der Park erneuert. Teich, Bach und Gräben wurden entschlammt, neue Wege angelegt und zahlreiche Pflanzungen vorgenommen, die zum großen Teil noch heute den Park prägen. Vor dem Herrenhaus standen symmetrisch zueinander der Marstall und die Orangerie. Nach 1929 folgten mehrere Besitzerwechsel und ab 1945 dienten alle Gebäude Flüchtlingen als Unterkunft. 1963 zog eine Schule in die Gebäude ein. In der folgenden Zeit wurden ergänzende Pflanzungen im Park vorgenommen und die Orangerie abgerissen. Leider hatte die gesamte Anlage in den letzten Jahrzehnten von ihrem Reiz verloren. Mangelnde Pflege und Pflanzungen ohne Rücksicht auf das historische Gestaltungskonzept nahmen dem Park die Qualität. Einige alte Gutsgebäude wurden abgerissen und planlos durch neue ersetzt. Dennoch, und obwohl der Park keinem namenhaften Gartengestalter zuzuordnen ist, wurde er 1970 unter Denkmalschutz gestellt. Nach der Rückführung des Guts an den Besitzer ist der Bereich um das Herrenhaus privat, der Park, der zur Gemeinde gehört, ist jedoch öffentlich zugänglich. Das Schloss sucht derzeit dringend wieder einen neuen Besitzer!

Was ist zu sehen: Noch heute ist die Gutsanlage von der Lage am Wasser geprägt. Hinter dem Schloss fließt die Ostpeene aus dem 500 ha großen Torgelower See, welche einst im angestauten Zustand einen breiten Wasserarm hinter dem Schloss bildete. Gräben durchziehen den Park und trennen den Schlossbereich ab. Seit 1997 wurde unter der Leitung und nach einer Bestandsaufnahme des jungen Groß Gievitzer Gartengestalters Stefan Garmshausen mit der Wiederherstellung des Landschaftparks begonnen. Durch Beseitigung von starkem Wildwuchs und nicht denkmalgerechten Pflanzungen konnten offene Wiesenflächen und historische Sichtbeziehungen wiederhergestellt werden. Auch

Wege und Plätze wurden erneuert sowie einige Bänke aufgestellt. Zwölf ABM-Kräfte waren ein Jahr lang beschäftigt, einige von ihnen sind auch heute noch tätig und pflegen den öffentlichen Bereich. Wiederhergestellt wurde auch der für den Park bedeutende Luisenweg, ein Rudiment aus der Barockzeit. Die Allee aus Kastanien führt bis zum See und leitet von einem Steg aus den Blick auf den See und die „Kormoraninsel", die viele Besucher anlockt. Seltene Vögel sind hier zu beobachten. Südöstlich vom Gebäude findet sich ein Laubengang aus Hainbuchen. Der private Schlossbereich war ursprünglich repräsentativ und formal gestaltet. Besonderheiten sind hier eine Blutbuche sowie ein „Eingangsportal" aus nachweislich 1803 gepflanzten Platanen. Drei von ehemals vier sind erhalten.

Besondere Pflanzen: Die hier im Übergang zum feuchten Uferbereich vokommende Erlen-Eschen-Gesellschaft kann auf diesem Standort sogar Eichen und Rotbuchen verdrängen. Mehrere Eichen am Schloss sollen schon um 1800 beeindruckende Exemplare gewesen sein. Sumpfzypressen, ein Bergahorn sowie eine Douglasie wurden freigestellt und finden neue Kraft zum Wachsen. In der feuchten Krautflora finden sich Bestände an Telekien, Blutweiderich und vom stark wuchernden Pestwurz.

Bewertung: Ein vom Wasser und der umgebenden Natur geprägter Landschaftspark, der mehrere Epochen der Gestaltung in sich vereint.

In der Umgebung: Im Ort die frühgotische Feldsteinkirche aus dem 13. Jahrhundert mit Wandmalereien aus der Zeit um 1300.

Sechs Kilometer entfernt liegt Schloss Torgelow, in dem ein Privatgymnasium zu Hause ist. Im gepflegten Park direkt am See stehen auch einige Kunstwerke.

Archäologisches Freilichtmuseum Groß Raden

Kastanienallee
19406 Groß Raden
Tel. 038 47/22 52
Fax 038 47/45 16 24

Geöffnet: April-Okt. tägl. 10-17.30 Uhr; Nov.-März 10-16.30 Uhr
Eintritt: Erw. DM 5,-/Familien DM 10,-/Erm. DM 2,-
Anreise: Bahn: bis Sternberg
PKW: über die B 104 und 192 nach Sternberg und weiter nach Groß Raden
Führungen: nach Voranmeldung drinnen und draußen je DM 50,-
Behindertengerechte Anlage
Café/Restaurant im/am Park

Zur Geschichte: Groß Raden war seit dem 6. Jh. von slawischen Stämmen bevölkert. Hier lag das religiöse Zentrum der Warnower, einem Teilstamm der Obotriten, die Westmecklenburg und Ostholstein besiedelten. Sie wurden erst 1160 durch Heinrich den Löwen dem deutschen Kaiserreich eingegliedert. Im 9. und 10 Jh. gab es an der Stelle des heutigen Museums eine befestigte Siedlung, in der hauptsächlich Handwerker wohnten und für den Bedarf des Umlandes und des Tempels arbeiteten. Im 10. Jh. wurde die Siedlung aus ungeklärten Ursachen verlassen.

Nach archäologischen Grabungen konnten 1973-80 zwei Siedlungsphasen freigelegt werden. Der anstehende Moorboden hatte auch organisches Material wie Holz, Leder und Knochen hervorragend konserviert. Geschnitzte Schalen und Löffel, Kämme, Körbe, Tongefäße und sogar ein Einbaum konnten gefunden werden. Aber vor allem waren Fundamente und Teile der Wohnhäuser, Kultstätten und Wehranlagen in so gutem Zustand, dass sie für das Museum originalgetreu rekonstruiert werden konnten.

Was ist zu sehen: In dem heute größten Freilichtmuseum Mecklenburgs sind Originalfunde und Rekonstruktionsmodelle aus dem 7.-12. Jh. zu sehen. Der Besucher gelangt über eine Brücke in die rekonstruierte Siedllung auf der idyllischen Halbinsel im Groß Radener Binnensee. Flechtwände und ein Wassergraben schützten die Bewohner hier einst vor ungewünschten Eindringlingen. Neun Flechtwandhäuser (9. Jh.) und drei Blockwandhäuser (10. Jh.) zeigen die ehemalige Lebensweise der Slawen. Zentrum der Siedlung ist der verzierte Tempel. In kleinen Ausstellungen werden handwerkliche Techniken der Zeit, wie z. B. Spinnen, Weben, Färben, Flechten, Töpfern, Schmieden und die Schumacherei, demonstriert. Töpferofen, Rennofen zur Eisenverhüttung, Schmiede, Drechselbank, Hirsestampfe, Ölpresse und Einbäume zeigen Details aus dem Wirtschaftsleben. Bei Veranstaltungen wird in den nachgebauten Backöfen Brot gebacken. Über einen Bohlenweg gelangt man an die Spitze der Halbinsel. Hier steht der imposante nachgebaute Ringwall, der nur über einen Treppenturm er-

reichbar ist und zum Schutz der Anlage diente. In der Dauerausstellung im Museumsgebäude sind slawische Ausgrabungsfunde aus ganz Mecklenburg ausgestellt.

Im Museumsgarten wachsen alte, archäologisch nachgewiesene Nutzpflanzen (Hirse, Einkorn, Emmer u.a.) und Gewürze (Senf, Koriander, Dill u.a.). Im Freigehege werden frühmittelalterliche Haustierarten gezeigt, wie sie durch Knochenfunde überliefert sind. Sehenswert ist die unmittelbar umgebende Naturlandschaft mit flächig blühenden Seerosen. Mit etwas Glück kann man Fischreiher, Fischotter und den bunten Eisvogel erspähen.

Kinder: Gruppen und Schulklassen können durch praktisches Erleben vom Getreidemahlen und Brotbacken, Wolle spinnen, das Nacheifern von slawischen Spielen und vielem mehr sehr anschaulich ihr Wissen und ihre Fähigkeiten erweitern.

Veranstaltungen:

In der Museumswoche im Juli zeigen Archäologen, Handwerker und Mitglieder des Museumsvereins das Alltagsleben der Slawen im 9. und 10. Jh.

Bewertung: Groß Raden ist das einzige deutsche Freilichtmuseum, in dem sich Besucher mit der Geschichte und Kultur der nordwestslawischen Stämme vertraut machen können. Originalgetreu und mit Liebe zum Detail wurde die Anlage rekonstruiert.

Behutsam wird dem Besucher slawisches Handwerk und experimentelle Archäologie nähergebracht sowie Geschichte und Kultur der nordwestslawischen Stämme vermittelt.

Natur- und Umweltpark Güstrow

Verbindungschaussee
18273 Güstrow
Tel. 038 43/824 85
Fax 038 43/84 24 75
E-Mail NUP.GUESTROW@t-online.de

Öffnungszeiten: tägl. ab 9 Uhr, Schließung je nach Saison

Anreise:
PKW: Der Park liegt an der Ausfallstraße (B 103/104) aus Güstrow nach Teterow, Krakow und zur BAB 19; Ausfahrt Güstrow Süd.

Führungen: nach Anmeldung unter o. a. Telefonnummer

Zur Geschichte: Der Natur- und Umweltpark Güstrow wurde 1962 gegründet. Bis Juni 2000 wird er um ein Umweltbildungszentrum erweitert, das sich als dezentraler Standort der Expo 2000 der Weltöffentlichkeit präsentiert.
Was ist zu sehen: In den feuchten Auen des Flusses Nebel und den Hügeln darüber liegt der Natur- und Umweltpark Güstrow. Hier vereinen sich auf 165 ha Fläche ein Landschafts- und Wildpark, ein Naturerlebnisraum sowie ein modernes Umweltbildungszentrum. Ein weites Wegesystem, mit der Möglichkeit mehrere unterschiedlich lange und anstrengende Rundwege zu benutzen, erschließt den Park. Überwiegend heimische Tierarten wie Eulen, Schwarzwild, Störche, Seeadler, Luchse und Rehe können in Freigehegen und Volieren studiert werden. Die größte Attraktion sind jedoch Wölfe, die in einem 1,8 ha großen Freigehege leben und von einem 110 m langen Steg über dem Gelände beobachtet werden können. Ein Rudel aus acht Tieren ist von hier aus beim Baden, Spielen, Ruhen und bei Rangkämpfen zu sehen. Aus den Wäldern herausgekommen, erreicht man eine Heidelandschaft, ein Hochmoor und weite Sumpfdotter-, Heidschnucken-, Esel- und Pferdewiesen, die zum Teil über Holzstege erschlossen sind.
Kinder: Mehrere (Abenteuer-) Spielplätze, ein Tastpfad sowie Streichelgehege mit Meerschweinchen, Schafen und Zwergziegen sind vorhanden. Möglich ist die Feier eines unvergesslichen Kindergeburtstags, Klassenausflugs oder Kinderfestes im Park.
Veranstaltungen: Besonders beliebt sind die mehrmals im Monat stattfindenden Nachtwanderungen (Termine erfragen!). Bei Vollmond, Wolfsgeheul und Eulenschrei kann das Leben der nachtaktiven Tiere beobachtet werden. Außerdem werden ein Osterfest (Ostersonntag), ein Tierparkfest (erster So. im Juli), ein Blätterfest und eine Pilzausstellung (erstes Wochenende im Oktober) angeboten.
Bewertung: Mehr als ein normaler Zoo! Die Schwerpunkte liegen auf Natur, Umwelt und Ökologie. Sie werden sehr interessant, abwechslungsreich und fundiert vermittelt. Mit dem UBiZ ist eine zukunftsweisende Einrichtung integriert.

Renaissancegarten Güstrow

Franz-Parr-Platz 1
18273 Güstrow
Schlossmuseum:
Tel. 038 43/50 21
Güstrow-Information:
Tel. 038 43/68 10 23

Öffnungszeiten: Sommer 6-20 Uhr, Winter 8 Uhr-Dämmerung

Anreise:
Bahn: mit dem Zug von Schwerin aus; in Güstrow den Ausschilderungen zum Schloss folgen; Fußweg 15-20 Min. vom Bahnhof.

Führungen: regelmäßige Schlossführungen; Gartenführungen auf Nachfrage

Zur Geschichte: Nachdem die im 13. Jh. entstandene Burg Güstrow über ein Jahrhundert als Residenz den Fürsten zu Wenden diente, fiel das Land 1436 in die Linie Mecklenburg zurück. Im Zuge der 1555 vollzogenen Güterteilung erhält Ulrich III. das Herzogtum Mecklenburg-Güstrow. Unter seiner Herrschaft sollte das Land einen wirtschaftlichen Aufschwung erleben. Zunächst brannte der Südflügel der Burg jedoch 1557 bis auf die Grundmauern ab. Im folgenden Jahr beauftragte er den norditalienischen Architekten Franziskus Parr mit dem Bau eines Schlosses. So entstand in den Jahren 1558-94 unter vielfältigen Stileinflüssen und Mitwirkung vieler italienischer, französischer und niederländischer Künstler das schon seinerzeit herausragende Renaissanceschloss Güstrow. Herzog Ulrich hatte auf zahlreichen Bildungsreisen sowohl sein Interesse an der Bau- und Gartenkunst als auch seine Liebe zum südländischen Flair entdeckt. Nach der Rückkehr von einer Reise nach Augsburg, wo er den berühmten Fuggerschen Garten besuchte und Anregungen für eine eigene Gartenanlage fand, ließ er um 1570 in Güstrow im Zuge des Schlossbaus den ersten Lustgarten im Stile der Renaissance anlegen. Es entstand das Gartenparterre mit sechs rechteckigen Quartieren.

Nach Herzog Ulrichs Tod 1603 residierte während des Dreißigjährigen Krieges Wallenstein zeitweise im Schloss, der ebenfalls ein Herz für den Garten hatte. In der zweiten Hälfte des 17. Jh. wird die Schlossanlage unter dem Hofbaumeister Ch. Ph. Dieussart weiter ausgebaut. So entstanden 1670 beispielsweise das Torhaus und die Schlossbrücke mit der prächtigen Treppe in den Garten. Nach dem Tod des letzten Güstrower Herzogs Gustav Adolph diente das Schloss noch bis 1719 als fürstlicher Witwensitz. Danach erlosch die Güstrower Herzogslinie. Während dieser Zeit wurde der Garten, der nun aus neun Beeten bestand, gepflegt und weiterentwickelt. Zahlreiche Ausstattungselemente - wie Pavillons, Lusthäuschen und viele Kübelpflanzen - schmückten die Anlage.

Auch auf einem Stich von 1717 ist im Vordergrund die Gartenanlage zu sehen. Sie ist in den Brunnen-

und Lustgarten gegliedert. Der Brunnengarten befand sich unterhalb der Schlossbrücke und ist heute nicht mehr erhalten. Ihn zierte ein Brunnen mit einer Statue des Herkules. Der Lustgarten war zu der Zeit an drei Seiten von einem Laubengang und einem Wassergraben umgeben und wieder in sechs heckenumschlossene Beete mit je einem Baum in ihrer Mitte gegliedert.

Im 18. Jh. verfiel das Schloss zunehmend, die Gartenanlage jedoch wurde weiterhin gepflegt und 1733 in einen Barockgarten mit vier großen Zierbeeten und einem Rondell umgewandelt. Sie hat sich mindestens bis Ende des Jahrhunderts erhalten. 1795 hatte das Schloss soweit an Bedeutung verloren, dass man mit dem Abbruch des Ost- und einem Teil des Nordflügels begann.

Im 19. und beginnenden 20. Jh. diente das Schloss als französisches Lazarett, Sammelpunkt Freiwilliger Jäger, Landarbeitshaus sowie Flüchtlings- und Feierabendheim. Der einst akurat angelegte Garten verwilderte und wurde als Wiese, Wäschetrockenplatz, Gemüseacker und Kleingartenanlage genutzt. Erst in den 1960er Jahren besann man sich auf den historischen Wert und begann zunächst mit umfangreichen Restaurierungsarbeiten an den Gebäuden. Nach und nach zog das Museum in die Räume ein. 1974-78 wurde der Garten nach historischen Vorlagen rekonstruiert. Nach verschiedenen Planungen entschied man sich schließlich für eine neunteilige Gliederung des Lustgartens und deren architektonische Einrahmung in Form einer Neuanlage der historisch verbürgten Laubengänge aus Hainbuchen.

Was ist zu sehen: Der rekonstruierte Renaissancegarten befindet sich unterhalb der Südseite des Schlosses und ist über mehrere großzügige Treppenanlagen zu erreichen. Der ebene und überschaubare Garten ist in neun, etwa gleich große Felder unterteilt, die sich wiederum in mehrere Segmente gliedern. Jedes einzelne Segment ist von niedrigen Buchshecken eingefasst und mit Lavendel oder Sommerblumen, z. B. Tagetes und Begonien, in kräftigen Farben ausgefüllt. So leuchtet das mittlere Feld zum Beispiel in Form eines Herzens in kräftigem Rot, während sich ringsherum das zarte Lila des Lavendels und gelbe Sommerblumen präsentieren. Wer das Glück hat, an einem warmen Sommertag während der Lavendelblüte hier zu sein, wird das einzigartige Zusammenspiel von südlichem Flair, betörendem Duft und dem Blick auf das Schloss in bleibender Erinnerung behalten. Ein schattiger, kühler Laubengang aus Hainbuchenhecken umgrenzt den Garten. In regelmäßigen Abständen sind Ausblicke eingelassen, die prächtige Ansichten vom Garten zum Schloss erlauben. Die gesamte Anlage ist von einem umlaufenden Wassergraben begrenzt.

Der historisch verbürgte Brunnengarten ist in Form einer Rasenfläche der einzige Bereich des Schlosskomplexes, der noch nicht wieder angelegt wurde.

Besondere Pflanzen: Verwendung historisch belegter Pflanzen: Ligustrum, Buxus, Lavendula, Carpinus betulus.

Besondere Bauwerke: Das Schloss Güstrow nimmt zweifellos eine Sonderstellung in der Geschichte des mecklenburgischen Schlossbaus ein. Als einer der seltenen vierflügeligen Renaissance-Schlossbauten mit der auffälligen, ebenfalls in Mecklenburg selten vorkommenden Putzquaderung und seinen erhaltenen und restaurierten Innenräumen ist es eines der bedeutendsten Architekturdenkmale seiner Epoche in Mecklenburg und eines der außergewöhnlichsten in Deutschland. Heute beherbergt das Schloss ein Museum, das herzogliche Jagd- und Prunkwaffen, Gemälde, Skulpturen, Kunsthandwerk der niederländisch-deutschen und italienischen Renaissance, Glas von der Antike bis zur Moderne sowie Kunstwerke zeitgenössischer Künstler ausstellt.

Das Torhaus, welches man passieren muss, um über die Brücke das Schloss zu erreichen, war von Beginn an als Eingangs- und Triumphtor zu Ehren des Herzogs geplant. Es wurde nach Vorbildern der Hafentore in Rotterdam, Amsterdam und Leiden errichtet.

Gastronomie: Café „Philipp Brandin“ im Schloss, tägl. 10-18 Uhr

Veranstaltungen: Im Juli findet alljährlich der „Sommertraum“ im Schlossgarten statt. Kleinkünstler zeigen Theaterstücke, Pantomime und Akrobatik vor der einmaligen Kulisse in historischem Ambiente.

Bewertung: Mit der Rekonstruktion der Schlossanlage Güstrow wurde für Mecklenburg-Vorpommern ein einzigartiges Beispiel der Bau- und Gartenkunst der Renaissance überliefert. Sie ist von

hohem historischem Wert. Der Garten ist außerdem einer der wenigen der Region, der durch zahlreiche Blumenbeete Farbigkeit und Duft in die Anlage bringt und deswegen attraktiv für alle Besuchergruppen ist. Schloss und Schlossgarten Güstrow sind unbedingt einen Besuch wert.

In der Umgebung: Ein Spaziergang durch die Altstadt Güstrows ist in vielerlei Hinsicht lohnenswert. Dabei können der Dom, die Pfarrkirche, die Gertrudenkapelle mit der Ernst-Barlach-Gedenkstätte, das klassizistische Rathaus sowie viele andere kleinere und größere kulturelle und gastronomische Besonderheiten entdeckt werden.

In Alt Polchow bei Güstrow steht der im Umfang stärkste Baum in Mecklenburg. Die Winterlinde auf dem Friedhof weist einen Stammumfang von 13 m auf. Der Stamm ist mehrfach gegliedert und zum Teil hohl.

Gutsanlage Hasenwinkel

19417 Hasenwinkel
Tel. 038 47/661 21
Fax 038 47/661 50

Anreise: nordöstlich des
Schweriner Sees,
4 km westlich von Warin

Behindertengerechte Anlage

Zur Geschichte: Das Schloss wurde von Wladimir Schmitz, einem deutsch-russischen Diplomaten und Gutsbesitzer, erbaut. Für den Entwurf beauftragte er 1908 das Büro des Architekten Paul Korff. Fertigstellung für das große, prachtvolle Gebäude im neobarocken Stil war 1912. Der Park wurde von Schlossobergärtner Willi Kuhn zwischen 1910 und 1922 angelegt. Bereits seit 1952 steht er unter Schutz. Mehrere Besitzer und Nutzungen als Erholungsheim, Stabsgebäude der Roten Armee, Flüchtlingslager, Fachschule für Staatswissenschaften überdauerte das stattliche Anwesen bis zur Wende. Seit 1991 beherbergt das Schloss eine Tagungs- und Weiterbildungsstätte des Bildungswerks der Unternehmerverbände in Mecklenburg-Vorpommern. Im September 1993 begannen umfangreiche Rekonstruktionen und der Umbau des Schlosses. Die Erweiterung um ein Gästehaus folgte. Nach Investitionskosten von DM 20 Mio. konnte 1996 die Einweihung eines modernen Tagungs- und Veranstaltungszentrums gefeiert werden. Der Park wurde bis 1996 durch das Landschaftsarchitekturbüro Hess aus Hamburg gestaltet.

Was ist zu sehen: Wer die landschaftlich schöne Strecke fahren mag, der sollte Hasenwikel besuchen. Der 13 ha große Park befindet sich hinter einem vom Dorf trennenden hübschen Zaun. Ein sehr großer Teil davon liegt vor dem Schloss, um dieses wirkungsvoll zu präsentieren. Er ist durch ein großes Wasserbecken gegliedert. Um das Schloss wurde alles neu gestaltet. So finden sich links und rechts des Gebäudes kleine, formal mit Buchsbaumheckchen, Rosen und Lavendel angelegte Gärten. Weiße Bänke laden zum Verweilen. Auf der linken Seite steht eine sehr alte Linde, die von einer Rundbank umgeben ist. Sehenswert sind in diesen schlossnahen Bereichen Kleinarchitekturen wie die Brüstungen. Gut gelungen sind die Arbeiten in Naturstein, die bei der Sanierung um das Schloss durchgeführt worden sind. Nützliche Anregungen für den eigenen Garten sind hier zu bekommen. Hinter dem Gebäude führt eine große Treppenanlage in den Park hinab. Einige alte Bäume, Rhododendren und Sträucher führen über in waldartige Partien. Die Nebenbereiche sind zum Teil mit neuen Gästehäusern bebaut worden.

Bewertung: Wer auf dem Weg ist, könnte ja einen Umweg machen...

Kuranlage Heringsdorf

Promenade
Heringsdorf
Kurverwaltung:
Tel. 03 83 78/24 51
Fax 03 83 78/24 54

Anreise:
Bahn: von Wolgast
PKW: B 111 an der Ostseeküste auf Usedom

Behindertengerechte Anlage

Zur Geschichte: Nach dem Aussterben des Mellenthiner Rittergeschlechtes, dem um 1534 1000 ha Acker und 400 ha Wald des Rittergutes Gothen gehörten, wechselten die Besitzer über Pommernfürsten, Schweden und viele weitere mehrfach. Im Jahr 1817 erwarb der königliche Oberforstmeister Georg Bernhard von Bühlow den Besitz. Er gestattete Fischern aus Neuhof und Neukrug (heute Ortsteile von Heringsdorf) den Aufbau ihres Gewerbes mit dem Bau kleiner Fischer- und Salzhütten. Parallel verlief der Ausbau des Swinemünder Hafens. Die Stadt dort wuchs an Menschen und Bedeutung und wurde 1820 von König Friedrich III. mit seinen Söhnen besucht. Auf dem Rückweg besuchten sie die Bülow'sche Fischerkolonie, von deren reichen Heringsfängen sie mehrfach gehört hatten. Die durch Einsalzen haltbar gemachten Fische hätten die Ernährungslage Preußens in Krisenzeiten deutlich verbessern können. Bei der anschließenden Feier wurde der Siedlung der Name Heringsdorf gegeben. Nachdem Swinemünde 1824 das erste Seebad auf Usedom geworden war, kamen schon wenig später auch einige Gäste in das sehr viel bescheidenere Heringsdorf und bereits 1825 nannte sich der Ort erstmals Badeort. 1846 zählte man 400 Urlaubsgäste. 1871 erwarb Hugo Delbrück Heringsdorf und gründete ein Jahr später eine Aktiengesellschaft, die den weiteren Ausbau des Seebads professionell betrieb. Hugos Bruder Adalbert beschaffte sehr viel Geld über Versicherungen und Banken und wurde schließlich zum Mitbegründer der Deutschen Bank AG. Die Delbrücks kauften über Jahrzenhte gezielt Land auf, welches sie nach und nach teuer verkauften oder dem Kurbetrieb im weiteren Sinne zuführten.

Mit Erlass vom 4. Juni 1879 wurde das Seebad Heringsdorf ausgerufen. Der Anschluss ans Bahnnetz machte die bequeme Anfahrt für viele Menschen durch das immer noch feuchte Gebiet möglich. Die erste Seebrücke (50 m neben der heutigen, Reste sind noch erkennbar) ragte 500 m in die See und wurde 1893 fertig. Sie war die längste in Deutschland und verlängerte die Promenade. 1895 wurden bereits 10.000 Gäste gezählt. Schiffe verbanden Heringsdorf bald täglich mit dem gesamten Ostseeraum. Um 1930 war die Blüte des Seebads, das „Nizza der Ostsee" genannt wurde. Nach starken Beeinträchtigungen im und nach dem II. Weltkrieg brachte der Feriendienst der Gewerkschaften (FDGB) in der DDR einen Aufschwung und optisch unvorteilhafte Ortsbildveränderungen. Nach der Wende wurden die staatlichen Einrichtungen geschlossen und über Jahre hin fast alle Häuser privatisiert.

Was ist zu sehen: Die drei berühmten Seebäder Bansin, Heringsdorf und Ahlbeck sind durch eine repräsentative Promenade am Ufer der Ostsee miteinander verbunden. Der Bereich in Heringsdorf ist der älteste. Hier verläuft der Weg Richtung Ahlbeck in zwei Bahnen, die in der Mitte durch einen Pflanzstreifen unterbrochen werden. Die hauptsächlich gepflanzte Baumart ist die Kiefer (eine Form von Pinus sylvestris) mit ihren dunkelgrünen Nadeln. Die ersten Exemplare stammen aus der Zeit um 1905, ausgelichtet und ergänzt wurden sie seit 1995. Durch ihr zum Teil schon hohes Alter und den ständigen Windangriff vom Meer haben ihre Stämme einen malerischen Wuchs bekommen und eine hübsche, lichte Braunfärbung der Borke. Dieser dichte Bewuchs mit Pflanzen, der sich in den überwiegend in der Gründerzeit durch reiche Kaufleute entstandenen Villengärten nahtlos fortsetzt, ist eine Besonderheit der Heringsdorfer Anlagen gegenüber anderen Seebädern. Wahrscheinlich folgte er dem Kurpark in Swinemünde. Landseitig stehen prächtige Villen, zum Teil im Stil der klassischen „Bäderarchitektur" errichtet, in schönen Parks. Ein Stil, den es nur in der Umgangssprache gibt, da viele Stilrichtungen verwendet worden sind und jeder Besitzer seinem Haus eine eigene Note geben wollte.

Heute sind hier viele Hotels und Appartementhäuser eingerichtet. In den Pflanzstreifen zum Strand stehen der graulaubige Sanddorn mit seinen orangenen Beeren im Herbst, die Grau- und Ölweide, Pfaffenhütchen, Strandkamille, Gänsefingerkraut sowie Rotdorn im Rosengarten. Am Beginn der Promenade nach Ahlbeck steht ein acht Tonnen schwerer Findling aus der Weichsel-Eiszeit vor ca. 10.000 Jahren. Der Fundort lag bei der Seebrücke. Auf ihm ist eine Reliefplatte zum Gedenken an Hugo Delbrück (1825–1900) installiert. Neu ist die Anlage um den modernen Musikpavillon mit Kugelbuchsen und knorrigen Robinien.

Nicht minder repräsentativ ist die Promenade in Ahlbeck. Der Charakter ist jedoch deutlich unterschieden. Hier stehen jetzt geschnittene Ahorne und Eschen in künstlichem Pflaster, nachdem fast alle älteren Bestände nach der Wende gerodet worden sind. Kleine Läden, „Bäderarchitektur" und die Seebrücke mit Restaurant begleiten den beliebten Küstenweg.

Nach Bansin bestand lange Zeit nur ein Trampelpfad. Heute werden die „wilhelminischen Kaiserbäder" durch eine 10 km lange Promenade verbunden.

Bewertung: Viel hat sich in den drei Orten vom Charme der alten Seebäder erhalten oder ist wieder im Werden begriffen. Unbedingt sehenswert.

In der Umgebung: Interessant ist ein Besuch im polnischen Swinemünde (nur ohne Auto möglich). Im Zentrum, mittlerweile umgeben von Plattenbauten, liegt hier ein schöner Park von Lenné. Wem der Ausflug als Abenteuer noch nicht genug ist, der kann auf dem Rückweg noch den Polenmarkt besuchen.

Etwa 14 km südwestlich findet man das Wasserschloss Mellenthin (Dorfstraße). Es wurde bis 1580 für Rüdiger von Neuenkirchen, einem Vertrauten von Herzog Ernst Ludwig, erbaut. Die an vier Seiten von einem breiten Wassergraben umgebene Dreiflügelanlage ist aus verputztem Backstein errichtet worden. Kamine sind aus der Zeit der Renaissance nahezu unverändert erhalten. In Resten eines Parks sind die Eichenalleen, die den Graben an drei Seiten flankieren, bemerkenswert. Von der Insel mit einigen alten Bäumen besteht über eine Brücke eine Verbindung über eine gerade Lindenallee in die Feldmark bis auf einen verwachsenen Hügel. Rechts der Insel liegt eine kleine Bastion mit mehreren alten Eichen. Im stark angegriffenen Schloss befinden sich ein Museum und ein Restaurant.

Burg Schlitz

B 108
17166 Hohen Demzin
Tel. 039 96/12 70 0
Fax 039 96/12 70 70

Anreise:
Bus: von Waren, Malchin und Teterow
PKW: B 108 von Teterow nach Waren, beim Obelisken parken, rechts die Allee zu Fuß hoch

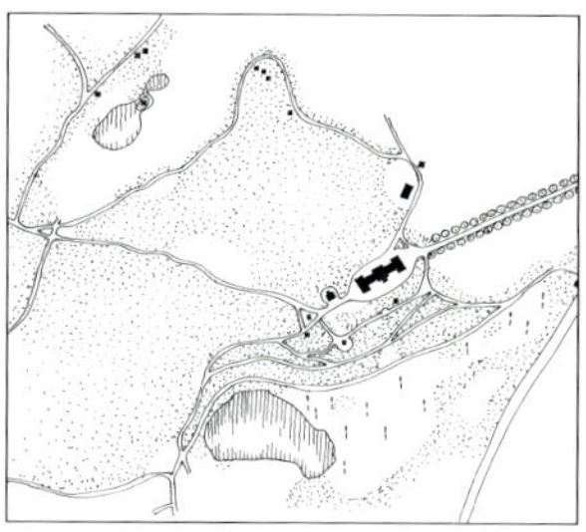

Zur Geschichte: Von seinem beruflichen Ziel, seine Karriere als preußischer Diplomat zu verfolgen, leitete Hans von Labes (1763–1831) die Erkenntnis ab, dass nicht das höfische „Wirken und Flirren" seine Welt waren, sondern dass „Wirken und Genuß" in ihrer Einheit zu einem sinnerfüllten Leben gehören mussten. Er kaufte 1791 Gut Karstorf, um Landwirtschaft zu betreiben und es wirtschaftlich in Schwung zu bringen, und siedelte nach Stationen in Wien und Regensburg ins beschauliche Mecklenburg über. Seiner Hochzeit 1793 mit der Tochter des preußischen Ministers Eustrach Graf von Schlitz-Görz ging eine Adoption durch seinen zukünftigen Schwiegervater unmittelbar voraus. Damit trug er nun selbst den Namen Graf von Schlitz. Neben Erfolgen in der Landwirtschaft interessierte er sich für Kunst und Politik. Seine Acker bewirtschaftete er vorausschauend. Das Umfeld bepflanzte von Schlitz aus ästhetischen und ertragbringenden, funktionellen Gründen mit den verschiedensten Pflanzen, so dass neben dem ökologischen Nutzen ständig neue Farbspiele und Kontraste zu beobachten waren. Die Schönheit der Landschaft wurde so noch optimert.

Nach Verzögerungen aufgrund der französischen Belagerung Mecklenburgs konnte 1811 endlich der Grundstein für die Burg Schlitz nahe dem alten Gut gelegt werden. Es entstand eine dreiflügelige klassizistische Anlage. Sie wurde 1824 fertig gestellt. Als autodidaktischer Gartengestalter schuf Hans von Schlitz den Park selber. Das geschah zur „Zeit der Empfindsamkeit" in der Epoche der Romatik, als die Gartengestaltung eine führende Kunstrichtung war. Ihr entsprechend wurden unterschiedliche Parkräume mit dem Ziel gestaltet, in ihnen wechselnde Stimmungen zu erzeugen. Hans von Schlitz vermochte dies in einer selten bekannten Perfektion und Feinfühligkeit. Der Bereich um das Schloss herum wurde repräsentativ gestaltet. Im entfernteren landschaftlichen Bereich schuf er zudem über 40 verschiedene Denkmale aus rohen und behauenen Findlingen, die als Hilfe zum Verständnis der beabsichtigten Empfindungen modern wurden. Die Vielfalt der verwendeten Bäume war Ausdruck von Schlitz' Weltoffenheit und Interesse an Naturwissenschaften.

1931 kaufte E. von Stauß das Gut. Zu DDR-Zeiten war im Schloss ein Pflegeheim des Kreises Teterow untergebracht. Renovierungen erfolgten 1953 und 1962. 1992 erwarb das Unternehmen Mast-Jägermeister-AG die gesamte Anlage. Nach der Renovierung und dem Umbau zu einem Hotel bis in den

Sommer 1999 hinein erstrahlt die Burg Schlitz nun wieder prächtig. Ca. DM 40 Mio. wurden für die nötigen Arbeiten ausgegeben. Es lohnt sich für Hotelgäste, drinnen einmal das Restaurant im Rittersaal anzuschauen oder gar eine Nacht zu Preisen ab ca. DM 360,- pro Doppelzimmer auszuruhen.

Was ist zu sehen: Mitten in der eiszeitlich geformten Mecklenburgischen Schweiz zwischen dem Malchiner See und Teterow erstreckt sich um die auf einer Anhöhe gelegene Burg Schlitz ein weitläufiger, ca. 80 ha großer Landschaftspark. Über eine ansteigende Lindenallee erreicht man von der Landstraße aus das weiße Schloss. Sein Standort wurde frühzeitig mit dem Gedanken bestimmt, dass das Schloss der Mittelpunkt einer weiträumigen Parkgestaltung werden sollte. Wanderungen von bis zu drei Stunden Dauer sind von hier aus möglich, Abkürzungswege sind vorhanden.

Besonders reizvoll ist eine Wanderung durch den Wald zum 96 m hohen Röthelberg, von dem aus eine schöne Aussicht auf das Malchiner Becken möglich ist. Von dort aus geht man am Waldrand entlang talabwärts und orientiert sich später links herum am Wald. Die Schönheit der Landschaft wurde schon früh in alten Wanderführern gepriesen. Vorbei an alten Eichen gelangt man an Feuchtgebiete und eine Hofanlage. Der Weg sollte bis zur Landstraße führen, wo man an einer Burgruine auf einer Insel im Teich vorbeigehen kann. Von hier aus, über den Teich mit weißen Schwänen, knorrigen Eichen und den zum Teil bewaldeten Hang, hat man den schönsten Blick auf das weiße Schloss.

Besondere Bauwerke: Berühmt geworden ist der Jugendstil-Nymphenbrunnen „Tanzende Mädchen“, den Walter Schott 1905 geschaffen hat und der 1932 durch den damaligen Besitzer aufgestellt wurde. Es ist eines von drei Originalen. Ein weiterer Brunnen steht im Central Park in New York.

Im weitläufigen Park regen viele erhaltene Denkmale aus Findlingen zum Nachdenken an. Aufklärerische, sentimentale, romantische sowie patriotische Sinnbezüge lassen in das Lebensbild des Grafen Hans v. Schlitz einen Einblick gewinnen.

Wissenswertes: Die heute gebräuchliche Gebietsbezeichnung „Mecklenburgische Schweiz“ wurde bei der Grundsteinlegung zur Burg Schlitz geprägt. So stellte der hier anwesende und von der Schönheit der Landschaft sehr entzückte Herzog Georg II. im Jahr 1811 diesen Vergleich her. Die Entfernung zur richtigen Schweiz beträgt übrigens 832 km.

Gastronomie: Im Rittersaal des Hotels befindet sich ein Gourmet-Restaurant. An der Landstraße liegt die Gaststätte „Der Goldene Frieden“, im Schmiede-Museum gibt es ein Café.

Bewertung: Bis heute hat sich die Idee der Empfindsamkeit im Park erhalten. Er eignet sich gut für lange und kurze Spaziergänge und Entdeckungstouren.

In der Umgebung: In der Nähe liegen mit Blücherhof, Basedow, Remplin und Ulrichshusen Anlagen, deren Besuch gut auf einer Fahrradtour zu verbinden ist.

Landschaftspark Hohenzieritz

Hohenzieritz

Anreise: B 193 zwischen Neustrelitz und Penzlin; Abfahrt in Peckatel nach Hohenzieritz

Behindertengerechte Anlage

Zur Geschichte: Nachdem das alte Schloss abgebrannt war, wurde unter Johann Christian v. Fabian in den Jahren 1746-51 ein neues Schloss mit einer kleinen barocken Gartenanlage und einem Nutzgarten errichtet. Unter Prinz Carl erfolgte ab 1771 eine Erweiterung um/in einen Landschaftspark auf ca. 30 ha in mehreren Entwicklungsstufen. Planer war der englische Gartenarchitekt Thomsen. Er schuf ein System von Wasserleitungen und gestaltete unter anderem die Teiche und einen Wasserfall. Als zentrale Fläche wurde die Schlosskoppel angelegt und von einem Gehölzgürtel, einem „Belt“, umgeben. Die gesamte Wiese, die bis an das Schloss reicht, umgab eine Mauer aus Feldsteinen. Die natürlich vorhandene Bodenmodellierung ist künstlich akzentuiert worden. In die Gestaltung flossen sowohl Gedankengut der Freimaurer als auch von J.J. Rousseau mit ein. So pflanzte er heimische Gehölze, gestaltete das stark vernetzte, geschwungene Wegesystem und mehrere Sichtachsen, in deren Blickpunkten sich eine Vielzahl von Kleinarchitekturen befanden (eine Moschee, Sonnenuhr, Borkenhaus u.a.). Beim Umbau des Schlosses 1790 durch Draeseke wurde der Bau um ein Geschoss erhöht und in die heutige Form gebracht. Die beiden, einen kleinen Ehrenhof einfassenden Kavaliershäuschen resultieren aus einem Entwurf von Verpoorten aus dem Jahr 1790. Die Freitreppen stammen aus dem Jahr 1802. Ein Ananashaus (1793) sowie ein Treibhaus von 1803 sind heute nicht mehr vorhanden. Die Kirche wurde 1806 von Dunckelberg errichtet. Für die Herzöge von Mecklenburg-Strelitz entwickelte sich Hohenzieritz zu einer beliebten Sommerfrische, die von der Residenz aus gut mit einer Kutsche zu erreichen war. Die sehr beliebte Königin Luise von Preußen, eine Tochter des Hauses Mecklenburg-Strelitz, starb 1810 hier im Schloss. In der zweiten großen Gestaltungsetappe um 1815 wurden im Park viele der Kleinarchitekturen beseitigt. Stattdessen entstanden der Luisentempel und das Familiendenkmal. Großen Anteil an der Gestaltung hatte wohl Hofgärtner Carl Theodor Siemers, der hier bis 1856 tätig war. Um den Tempel entstand mit einem

„Sondergarten“ einer der letzten Gestaltungsabschnitte, der in der zweiten Hälfte des 19. Jh. in der Anlage einer Rosenlaube und der Pflanzung einer Blutbuche endete. Seit 1919 ist das Schloss im Eigentum des Landes.

Durch die 1947 erfolgte Unterschutzstellung der Anlage durch den Denkmalschutz konnte ein Abriss des Schlosses (wie in Neustrelitz) verhindert werden. Restaurierungen in den 50er und 60er Jahren folgten. Staatliche Einrichtungen nutzten das Gebäude bis 1992. Dann fiel es an das Land.

Die Renovierung des Parks konnte über ABM-Maßnahmen 1991/92 unter Anleitung von Landschaftsarchitekt Stefan Pukenat durchgeführt werden. Auch die derzeitige Pflege wird von den angelernten Kräften übernommen, die schon eine enge Bindung zu „ihrem“ Park entwickelt haben. Das Schloss wurde bis ins Jahr 2000 renoviert.

Was ist zu sehen: Vor dem Schloss liegt ein kleiner Parkbereich, der den Ehrenhof sowie die Schlosskirche einbezieht. Hinter dem Schloss erstreckt sich der im Gelände abfallende Landschaftspark gen Osten. Durch einen Höhenunterschied von insgesamt ca. 30 m ergaben sich hier gute Möglichkeiten einer landschaftlichen Gestaltung. Vom klassizistischen Rundtempel gleitet der Blick über weite Rasenflächen hinab. Zusätzlich wurde in Hohenzieritz mit Ausblicken in die Landschaft gespielt, die auch heute gut nachvollziehbar sind. Durch einen so genannten Ha-Ha, eine Mauer und/oder ein Höhenunterschied, der die Weidekoppel begrenzt und ein Fliehen der Tiere verhindert, wird die Parkgrenze nicht sichtbar, ist jedoch vorhanden. Die Umgebung wird optisch in die Gestaltung eingebunden. Ein außerhalb des Parks gepflanzter Gehölzgürtel (Belt) umgibt die Schlosskoppel und erhöht die gestaffelte Tiefenwirkung. Er bestand ehemals aus Weißdorn. Rundwege erschließen den gesamten Park. Schöne Motive ergeben sich im östlichen Bereich, wo man durch die Bäume Durchblick auf das Becken des Tollensesees bekommt. Der Baumbestand setzt sich überwiegend aus heimischen Arten wie Buchen, Eichen, Linden und Kastanien zusammen. Ein Teich mit versiegtem Wasserfall erhöht den Reiz der Anlage.

Besondere Bauwerke: Im Park findet sich ein Denkmal für die Gemahlinnen des Herzogs Carl und fünf seiner früh verstorbenen Kinder, eine Figurengruppe aus Sandstein aus dem Jahr 1798. Der 1815 von Christian Philipp Wolff für die Tochter Herzog Carls errichtete Luisentempel wurde an Luises Lieblingsplatz anstelle eines früheren Birnbaums gesetzt. Er entstand in der Form eines offenen dorischen Rundtempels mit Kuppeldach. Im Gutsbereich stehen mehrere klassizistische Bauwerke, neben dem Luisentempel die Schmiede (um 1800), das Gasthaus von 1807 sowie die Kirche von 1806. Letztere ist ein Rundbau mit freistehendem Glockenstuhl und wurde 1991 erneuert.

Wissenswertes: Der Park in Hohenzieritz muss im Zusammenhang mit einer großzügigen Parklandschaft gesehen werden, die sich von Neustrelitz bis zum südlichen Rand des Tollensebeckens und vom Wanzkaer See bis nach Werder bei Penzlin erstreckt. Er ist Teil dieses Ensembles, zu dem auch die Nachbargüter sowie Wasserläufe, Wege, Wiesen, Bäume, Burgwälle und Hügelgräber gehören. Sie alle sind durch Sichtachsen verbunden und bewusst zu Landschaftsbildern gestaltet worden.

Bewertung: Die Gartenanlage von Hohenzieritz ist ein herausragendes Beispiel für die Anlage eines Landschaftsparks nach dem englischen Vorbild von Lancelot „Capability“ Brown. Selten ist die Anlage einer mauerumgebenen Koppel.

In der Umgebung: Über Wanderwege erreichbar ist das Jagdschloss Prillwitz, das ebenfalls zur Gartenlandschaft Hohenzieritz gehört. Die Anlage war unter Herzog Carl von Mecklenburg-Strelitz als Erweiterung von Hohenzieritz geplant, ist jedoch unter seinen Nachfolgern mehrfach umgestaltet worden. Heute besteht noch ein kleinerer Park am Seeufer der Lieps unterhalb der Gaststätte.

Schlosspark Ivenack

17153 Ivenack

Anreise: Bus: Station Ivenack
PKW: von Reuterstadt-Stavenhagen über Klockow nach Ivenack (8 km)

Zur Geschichte: Das im 13. Jh. gegründete Zisterzienserinnenkloster am Ufer des Ivenacker Sees wurde 1555 wieder aufgehoben. Nachdem Ivenack kurze Zeit später in herzogliches Eigentum überging, wurde auf den Grundmauern des ehemaligen Klosters 1590 das Schloss erbaut. Die zweigeschossige Dreiflügelanlage mit seeseitigem Ehrenhof erhielt 1788 die heute noch vorhandene Vorderfront und wurde 1810 um zwei Seitenflügel erweitert. Der Marstall aus der Mitte des 18. Jahrhunderts wurde später durch gekrümmte Verbindungstrakte und Eckpavillons zu einer interessanten halbkreisförmigen Anlage erweitert.

Der Schlosspark wurde um 1800 unter Verwendung von barocken Partien zu einem Landschaftsgarten im englischen Stil umgebaut. Die rechteckige barocke ehemalige Orangerie stammt aus der Mitte des 18. Jahrhunderts. Das spätklassizistische, ehemalige Teehaus, welches heute zum Wohnen genutzt wird, stammt aus dem 19. Jahrhundert. Nach 1945 diente das Schloss als Altersheim und seit 1979 als Pflegeheim.

Was ist zu sehen: Ivenack stellt mit der ehemaligen Schlossanlage, der Dorfkirche und der auf den Schlossbereich bezogenen Wohnbebauung noch heute ein typisches und gut erhaltenes Beispiel eines mecklenburgischen Gutsdorfes dar. Der barocke Ursprung des Schlossparks ist nur noch zu erahnen. Ein großes eisernes Tor, welches heute unvermittelt auf der Schlosswiese steht, ist der Rest der ehemaligen, den Schlosspark umgebenden Mauer. Eine dreireihige Lindenallee begrenzt die heute landschaftlich gestaltete Parkanlage. Auf einer großen, zentralen Wiese stehen mächtige Solitärbäume: Säuleneichen, ein Tulpenbaum, Platanen und eine Weidenblättrige Eiche.

Ein etwa 6 km langer Rundweg führt um den Ivenacker See und verbindet die Dorf- und Schlossanlage mit dem Tiergarten. Im Gehege mit derzeit ca.100 Tieren wird seit über 300 Jahren Damwild gehalten. Ein Wanderweg führt zu den berühmten Ivenacker Eichen. Außerdem sind auch einige alte Rotbuchen, die Ruine des alten Forsthauses und romantische Denkmäler zu entdecken.

Besondere Pflanzen: Weithin berühmt sind die sechs „1000-jährigen Eichen“ von Ivenack. Nach einer jüngst veröffentlichten Studie sind sie weitgehend vital. Die älteste der Exemplare wird auf 1200 Jahre geschätzt. Sie misst 11 m Stammumfang, ist 35 m hoch, verfügt über geschätzte 180 Festmeter Holz und trägt nach wie vor Früchte. Sie ist die älteste Eiche Deutschlands und höchstwahrscheinlich auch Mitteleuropas. Durch die schon früh im Raum Ivenack praktizierte Waldweide, bei der Tiere zur Mast im Wald geweidet wurden, wurde Konkurrenz für die Eichen verbissen. Der Ortsname stammt aus dem Wendischen und bedeutet „Weidenort“, abgeleitet von iva = Weide. Der aus dem nahen Stavenhagen stammende, niederdeutsche Dichter Fritz Reuter schrieb 1860 über die Eichen:

„Ick weit einen Eikbom, de steiht an de See,
De Nurdstorm, de brus't in sin Knäst,
Stolz reckt hei de mächtige Kron in de Höh;
So is dat all dusend Johr west...“

Gastronomie: Gaststätte „Zu den Eichen“ in der Orangerie Schlosscafé.

Bewertung: Die Ivenacker Eichen gelten als Sinnbild für die Urwüchsigkeit der mecklenburgischen Landschaft und sind zu allen Jahreszeiten sehenswert.

Landschaftspark Kaarz

Obere Dorfstr. 6
19412 Kaarz
Tel. 03 84 83/30 80
Fax 03 84 83/30 84 0

Anreise:
B 104/192 von Sternberg aus kommend nach Brüel; in Weitendorf links ab nach Kaarz

Behindertengerechte Anlage

Zur Geschichte: Im Jahre 1869 kaufte der Hamburger Reeder und Kaufmann Johann Wilhelm Hüniken die Kaarzer Gutsanlage, die seit dem 17. Jahrhundert bestand, von der Familie Bülow. 1872-74 ließ er nach Plänen der Berliner Architekten Saniter und Becker ein zweigeschossiges Landschloss im klassizistischen Stil erbauen. Dabei blieben die Kellergewölbe des alten Gutshauses erhalten. Gleichzeitig wurde der weitläufige Park von dem Gartenarchitekten C. Ansorge aus Klein-Flottbeck bei Hamburg angelegt. 1945 musste die Familie Hüniken Kaarz verlassen. Schloss und Park waren fortan verschiedensten Nutzungen ausgesetzt und verwahrlosten zunehmend. Zuletzt war das Gebäude Alten- und Pflegeheim bis es 1988 nach einem Brand endgültig aufgegeben werden musste. Nach 1992 fand die Familie Gaertner-Hüniken zurück zum Landschloss Kaarz und begann mit dem Wiederaufbau. Nach aufwendiger Restaurierung konnten 1996 ein Hotel und Ferienwohnungen eröffnet werden. Auch der Park wurde kräftig freigeschlagen und zu alter Pracht erweckt.

Was ist zu sehen: Inmitten einer sanften Hügellandschaft liegen die Anlagen von Kaarz. Sie haben sich seit der Renovierung zu einem beliebten Ausflugsziel entwickelt. Das Schloss, heute Hotel, steht auf einer Anhöhe und kann durch eine Lindenallee erreicht werden. Einen noch besseren Überblick über den weiten Park und die Endmoränenlandschaft gewinnt der Besucher am besten vom hohen Schlossturm. Nach einer kleinen Stärkung im Café geht es in den 7 ha großen Park, der sich über eine weite abfallende Rasenfläche öffnet. Ein ausgeschilderter Rundweg führt hinaus, vorbei am Weiher mit Enten und über 350 Jahre alten Eichen zum Mausoleum. Eine Badestelle ist geplant. Entlang dem Rundweg stehen einige seltenere Bäume, die mit Namensschildern versehen sind, so z. B. ein Tulpenbaum, Douglasien, zwei ca. 130 Jahre alte Mammutbäume und Scheinzypressen. Zurück zum Ausgangspunkt gelangt man durch einen unter Denkmalschutz stehenden Obstgarten.
Vor dem Schloss, oberhalb des alten Springbrunnens im alten Park, steht noch eine achteckige Back-

steinkapelle, die aus der Bülow-Zeit stammt. In der Nähe ergänzen Naturlehrpfade und Möglichkeiten zum Reiten, Tennis und Wandern das Angebot.

Besondere Bauwerke: Ein stattliches Mausoleum, dessen Eingang von zwei Säulen flankiert wird, steht im hinteren Parkbereich an der Straße nach Weitendorf. Hier liegen Johann Wilhelm und Sarah Wilhelmine Hüniken begraben. 1945 und 1982 wurde der Bau stark beschädigt. Der Schlüssel des noch weitgehend freien Begräbnishauses kann am Empfang des Hotels entgegengenommen werden.

Bewertung: Um Schloss Kaarz hat sich wieder eine gut gepflegte Parkanlage entwickelt, deren lieblichen Charme man gerne genießen mag.

In der Umgebung: Ca. 12 km südwestlich von Kaarz liegt Schloss Basthorst, ebenfalls ein heute als Hotel genutztes, ehemaliges Landschloss. Das 1910 erbaute, neobarocke Gutshaus am Kopf des Ortes wurde 1994 von Gustav Graf von Westarp gekauft, umgebaut und zwei Jahre später das Hotel mit Restaurant eröffnet. Der Park am See hat waldartigen Charakter mit lichten Durchblicken aufs Wasser.

Landschaftspark Kalkhorst

Borkenhäger Landweg
23942 Kalkhorst
Tel. 038 81/71 19 05
(Manfred Rohde)

Öffnungszeiten: tägl. 10-18 Uhr
Eintritt: DM 3,-

Anreise: Kalkhorst liegt im äußersten Nordwesten von Mecklenburg an der Straße zwischen Dassow und Klütz; der Park beginnt 1 km hinter der Kirche.

Führungen: auf Anfrage möglich

Zur Geschichte: Im 13. Jh. wurde das Gebiet besiedelt und die erste Kalkhorster Kirche gebaut. Aus dem Jahre 1729 ist die Anlage eines geschlossenen Gutsbesitzes überliefert, welche jedoch einige Jahre später verfiel. Erst der Kauf des Ritterguts durch die von Biels im Jahr 1848 bedeutete einen Aufschwung. Nach sorgfältiger Auswahl des Bauplatzes ließ Baron Thomson von Biel fünf Jahre später ein Backsteinschloss mit Nebengebäuden nach neogotischen Vorbildern bauen. Ab 1854 entstand in etwa zwei Jahrzehnten die Gartenanlage, die in ihrer Gestaltung vermutlich stark vom Besitzer selbst beeinflusst wurde. Mehrere Parkquartiere unterschiedlicher Themen reihten sich aneinander. So gab es z. B. ein Fruticetum (Obstgarten), einen kleinen regelmäßigen Blumengarten, einen wildromantischen Felsengarten und das Arboretum mit einer Vielzahl ausländischer Gehölze. Nach seinem Tod wurde der Baron 1905 in der Grabkapelle im Park beigesetzt. In den 1930er Jahren wechselte das Schloss mehrfach den Besitzer. Leider wurden in dieser Zeit viele Gartenelemente beseitigt, da sie als veraltet angesehen wurden. Zeitweilig benannte man das Gebäude in „Freiherr-vom-Stein-Haus“ um, woran noch einige Schilder und ein Gedenkstein im Park erinnern. Seit 1945 dienten die Gebäude bis vor wenigen Jahren verschiedenen medizinischen Einrichtungen. Mit dem Kauf durch den Steuerberater Manfred Rohde ist es seit 1999 wieder in Privatbesitz. Renovierungsarbeiten am Schloss und Auslichtungsarbeiten im Park haben begonnen. Ab dem Sommer 2000 wird das Schloss wieder dauerhaft bewohnt werden. Ein Pensionsbetrieb soll im Sommer 2001 beginnen.

Was ist zu sehen: In Kalkhorst ist ein 8 ha großer Landschaftspark überliefert, der einen anderen Charakter aufweist als die meisten in diesem Buch beschriebenen Anlagen. Unter dem starken Wildwuchs, der durch den Eigentümer persönlich beseitigt worden ist, sind bisher schon interessante Partien hervorgekommen. Weitere Überaschungen werden hoffentlich folgen. Ein Plan am Zugang verschafft einen guten Überblick und informiert

über einige Baumarten. Obwohl nicht alle einzelnen Gartenquartiere erhalten geblieben sind, ist eine gewisse Raumabfolge im Park noch deutlich wahrnehmbar. Der gut begehbare Hauptweg führt den Besucher in den südlichen Parkbereich. Auf einer Anhöhe präsentiert sich das renovierte Schloss und auf der ihm vorgelagerten, langgestreckten Wiese stehen einige majestätische Einzelbäume. Sie bilden Achsen, die den Blick zur Teichanlage am Ende des Parks führen. Südlich der Gebäude befindet sich der Felsengarten. Alleine durch das Freischlagen sind nun wieder Granitfindlinge und Felspartien erkennbar, die mit der immergrünen Bepflanzung und mehreren Farnarten einen mystisch anmutenden Eindruck vermitteln. Ein enger, unregelmäßiger Weg, gesäumt von Eiben und Stechpalmen, führt durch diesen schattigen Gartenbereich. Durch einen ungewöhnlich gut erhaltenen, faszinierenden Hohlweg gelangt man in das ehemalige Arboretum (=Baumpark). Die einstige Artenvielfalt hat sich zwar nicht in ihrem vollen Umfang erhalten, ist jedoch noch immer bemerkenswert. Dominierend ist hier ein prächtiges Exemplar des Riesen-Mammutbaums.

Etwa in der Mitte des Parks findet sich die zuvor nicht einsehbare Kapelle, die ein sehenswertes Motiv bildet. Vorbei an mächtigen Einzelbäumen führt der Rundweg weiter durch waldige Partien um den großen Teich mit breiten Schilfzonen herum. Blicke in den Park, in die Landschaft und auf das Schloss sind immer wieder möglich. Granitsteinmauern, verwilderte Gartenpartien, prächtige Bäume und weite Wiesen- und Schilfflächen bestimmen das Bild des Parks. Dem Besucher bietet sich ein wildromantischer Eindruck und so manche kleine oder große botanische Besonderheit.

Besondere Pflanzen: Solitäre Schwarzkiefern, ein Gingko, Buchen, Eichen, Silberpappeln und eine mächtige Linde stehen auf der Schlosswiese. Am See stehen mehrere Sumpfzypressen. Außerdem sind viele Schattenstauden und einige seltene Farne (Strauß- und Perlfarn) sowie Eiben, Stechpalmen und Buchs in verschiedenen Parkbereichen zu finden. Im Frühling blühen weiße Teppiche von Schneeglöckchen und Anemonen unter den noch lichten Baumkronen.

Besondere Bauwerke: 1888 wurde die Schlosskapelle mit einer Gruft nach dem Vorbild einer Kapelle in Ytton bei London gebaut.

Gastronomie: Café ab Sommer 2001

Bewertung: Kalkhorst bietet mit vielen kleinteiligeren Bereichen starke Kontraste zwischen dunkler Enge und lichter Weite, die als angenehm spannungsreich und interessant empfunden werden.

Klinikpark Karlsburg

17495 Karlsburg

Anreise:
Bus: bis vor die Klinik
PKW: an der B 109 etwa mittig zwischen Greifswald und Anklam, die Klinik ist ausgeschildert.

Zur Geschichte: Karlsburg war bis 1732 ein kleines Gutsdorf mit Namen Gnatzkow. Dann wurde auf den Grundmauern des alten Gutshauses das barocke Schloss (1732/39) im Auftrag von Carl Behrend von Bohlen sowie eine französische Gartenanlage (1750/80) gebaut. Es war eine der bedeutendsten barocken Schlossanlagen in Pommern. Gnatzkow wurde in Karlsburg umbenannt. Um 1800 wurde der Garten erweitert und unter Einbeziehung der Reste der barocken Anlage 1848 von dem Landschaftsgärtner Franz als Landschaftspark angelegt. Er pflanzte viele dendrologische Besonderheiten. Bis 1945 waren die Anlagen im Besitz der Familie des Grafen von Bismarck-Bohlen. Im ehemaligen Herrenhaus und weiteren Gebäuden befindet sich heute ein großes Diabetiker-Klinikum.

Was ist zu sehen: Durch steril wirkende Krankenhausanlagen hindurch gelangt man über eine barocke, vierreihige, auf das Schloss zulaufende Lindenallee zum Park. Das schmiedeeiserne Rokokoportal (1890) markiert den Eingang in eine Welt der „stilvollen Ruhe".

Hinter dem Haus liegt der landschaftliche Park mit geschwungenen Wegen, schönen Baum- und Strauchgruppen und vom Schloss auf einen Teich abfallenden Rasenflächen. Der angestaute Bach mit Inselhügel ist der Rest einer mittelalterlichen Wehranlage und wurde als wichtiger Blickpunkt in die Gestaltung einbezogen. Die großen Rasenflächen werden von Bäumen flankiert. Dem Rundweg folgend, findet man die Marmorplastik der Göttin Flora (zweite Hälfte 18. Jh.). Sie steht auf einem Hügel aus Feldsteinen, die von einer frühgeschichtlichen Trogmühle zeugen. Einige Meter weiter sieht man in ein lichtes Dach aus gewaltigen Platanen.

Besondere Pflanzen: Vor dem Schloss steht eine in Farbe, Form und Textur sehenswerte Pflanzkombination von Buxus arborescens als äußerer Kreis. Daraus erwächst eine höhere Eibe, aus der wiederum eine nochmals höhere Hemlocktanne sprießt. Sehenswert sind die hinter dem Schloss stehenden alten, immer wieder kurz geschnittenen Hainbuchen mit ihren knorrigen, kurzen Trieben.

Besondere Bauwerke: Das schmiedeeiserne Gittertor der Hauptachse wurde in den 1890er Jahren nach Plänen von Helene Bismarck-Bohlen im Stil des Rokoko gearbeitet.

Gastronomie: Restaurant „Schlossschänke" oder die Kantine bei der Schranke am Eingang

Bewertung: Nicht nur zur Erholung der Klinikbesucher zu nutzen. Das Tor und Teile des Parks sind sehenswert. Hoffentlich schluckt das Krankenhaus nicht irgendwann alle Flächen.

In der Umgebung: 3 km Richtung Greifswald liegt die Wrangelsburg mit ihrem malerischen Herrenhaus und einem kleinen landschaftlichen Park. Ein Picknickplatz befindet sich im Park.

Skulpturenpark Katzow

Unterreihe 11
17509 Katzow
Tel. 03 83 73/202 16
Fax 03 83 73/202 16

Öffnungszeiten: Park durchgehend geöffnet; Galerie: Dez.-März 10-17 Uhr, April-Nov. 10-18 Uhr

Anreise:
Bus: von Greifswald und Wolgast bis unmittelbar vor den Park
PKW: Von der B 111 bei Wolgast in Pritzier nach Katzow abbiegen; der Park befindet sich links der Straße zwischen den Orten.

Zur Geschichte: Die Geburtsstunde des Skulpturenparks schlug, als der Bildhauer Thomas Radeloff 1991 seine „Drei Figuren" auf die Wiese stellte. Schrittweise entwickelte sich daraus ein tragfähiges Konzept. 1992 fand in Katzow der erste internationale Bildhauerworkshop statt, 1993 wurde der Förderverein gegründet und schließlich eine Kulturscheune als Arbeits- und Begegnungsstätte umgebaut. Seitdem veranstaltet der Skulpturenpark e.V. Katzow jährlich Bildhauerworkshops und findet regen internationalen Zuspruch und Anerkennung. Jedes Jahr wird der Park somit um einige Skulpturen erweitert.

Was ist zu sehen: Mitten in der freien Landschaft Vorpommerns liegt ein weites, 14 ha großes Wiesenareal, auf dem Werke von verschiedenen Künstlern präsentiert werden. Wälder und Baumgruppen in der Ferne, Wolken am Himmel sowie die verschiedenen Farben der Felder und Wiesen bilden die natürliche Kulisse für die künstlich geschaffenen, zum Teil sehr skurrilen und abstrakten Werke. Der Besucher läuft über die von Schafen kurz gefressene Wiese, um die einzelnen Objekte zu erreichen. Der Park versteht sich als moderner Kunstort mit Tür und Fenster zur natürlichen Landschaft. Skulpturen zahlreicher namhafter Künstler aus dem In- und Ausland sind auf dem weitläufigen Gelände zu sehen. Enge Kontakte bestehen zu Künstlern Osteuropas. Über 50 Kunstwerke mit einer Größe von bis zu 13 m sind ausgestellt. Jedes davon ist benannt und mit Schaffensjahr und Künstler beschriftet. Als Materialien werden Holz, Stein und Stahl verwendet. Als Bezugsort dient ein Fachwerkhaus, dessen äußere Hülle in den 1990er Jahren von einem anderen Ort hierher transferiert worden ist. Innen ist es entkernt, um der neuen Nutzung als Museum, Werkstatt, Büro, Café und 4-Zimmer-Pension gerecht zu werden.

Tipp: Fast alle Werke können hier erworben werden. Die Preise liegen zwischen DM 3.000-100.000, je nach Künstler und Arbeit.

Veranstaltungen: Workshops und Seminare finden im Haus nach Anmeldung oder auf Einladung statt.

Bewertung: Eine Begegnungsstätte der besonderen Art, wo Gewachsenes und künstlich Geschaffenes aufeinander treffen und sich individuell gelungen ergänzen. Einzigartig in Nordostdeutschland als Zentrum zur Förderung der modernen Skulptur.

Landschaftspark Kittendorf

17153 Kittendorf
Tel. 03 99 55/500
Fax 03 99 55/501 40

Anreise:
Liegt an B 194 zwischen Waren / Müritz und Reuterstadt-Stavenhagen.

Zur Geschichte: Hans Friedrich von Oertzen, Kammerherr des Großherzogs von Mecklenburg-Schwerin, ließ 1848-53 das Schloss errichten, welches als erstes in der Region den Baustil der englischen Tudorgotik nachahmte. Die Pläne lieferte der Berliner Friedrich Hitzig, ein Schüler von Schinkel. Die ehemalige Gutsanlage liegt abseits vom Schlossbereich. Etwa zeitgleich wurde der Landschaftspark nach Plänen P. J. Lennés angelegt. Er zählte mit 110 ha seinerzeit zu den größten des Landes. Die vor der Südseite des Schlosses fließende Peene wurde zu einem Teich angestaut.
Nach 1945 nutzte man das Schloss als Internat für eine Berufsschule. Erst nach 1988 wurde das heruntergewirtschaftete Gebäude geräumt und man begann mit Rekonstruktionsarbeiten. Auch der völlig verwachsene Park wurde durch Auslichtungs- und Rodungsarbeiten dem Gestaltungskonzept Lennés wieder näher gebracht. In den letzten Jahren wurde das Schloss unter Aufsicht des Denkmalschutzes von einem Berliner Unternehmer zu einem Hotel umgebaut.

Was ist zu sehen: Von der Landstraße kommend, beginnt an der Auffahrt zum Schloss das Staunen. Richtig, das ähnlich aussehende Schloss Babelsberg entstammte einst der Feder desselben Architekten. Kittendorf ist heute aufwendig renoviert und so sollte man den Park nicht über die rechter Hand beginnende, vierreihige Lindenallee betreten, sondern über die große Terrasse durch das Anwesen hindurch. Durch die erhöhte Lage gewinnt man schnell einen Überblick. Gegenüber eine Anhöhe, im kleinen Tal dazwischen, fließt ein Bach. Der Park begleitet ihn zur rechten Seite bis in die offene Landschaft hinaus. Mittels Terrassen und Treppen gelangt man in das gepflegte Gelände. Einige Meter weiter ist der Bach zu unregelmäßig geformten Teichen aufgestaut – eine typische Art der Lenné'schen Gestaltung. Unter wie zufällig stehenden, zumeist einheimischen Bäumen hindurch folgt der Gast der weiträumigen Parklandschaft.
Besondere Pflanzen: In Schlossnähe steht eine in der Region selten vorkommende Schlitzblättrige Linde.

Gastronomie: Schlosscafé und -restaurant auf kühler Terrasse mit Blick in den Park; geplant ist ab Sommer 2000 ein Café/Bistro in der Orangerie.

Veranstaltungen: Im Sommer finden unregelmäßig mehrere Feste im Park statt, z. B. das Sommernachtsfest oder das Grillterrassenfest.

Bewertung: Ein unaufdringlich-harmonischer Landschaftspark, der entlang einem Tal verläuft, was die Länge gekonnt betont. Sehr angenehm! Das Schlosshotel mit dem Café/Restaurant sollte man kennen lernen.

In der Umgebung: Etwa 6 km südöstlich von Kittendorf liegt Bredenfelde. Das 1855 erbaute Schloss wurde ebenfalls von F. Hitzig entworfen, ist heute aber nur noch als Ruine zu besichtigen. Der schon 1840 nach P. J. Lenné angelegte Park ist zur Zeit nur noch mit viel Phantasie erkennbar. Schloss und Park werden seit Beginn 2000 wieder aufgebaut.

Schlosspark Bothmer

23948 Klütz
Schlossverwaltung:
Tel. 03 88 25/258 31
Fax 03 88 25/258 32

Öffnungszeiten: Sommer 8-22 Uhr,
Winter 8-16 Uhr

Anreise:
Bahn: von Wismar bis Grevesmühlen und von dort per Bus nach Klütz
PKW: von der B 105 (E22) zwischen Lübeck und Wismar nach Norden; Klütz liegt 3,5 km vor Boltenhagen

Führungen: nach Voranmeldung

Behindertengerechte Anlage

Zur Geschichte: Die größte ländliche und wohl auch heute noch die schönste barocke Backsteinanlage Mecklenburgs ist das Schloss Bothmer in Klütz. Es wurde von 1726-32 durch den Architekten Künnecke für Hans Caspar Gottfried von Bothmer, den Gesandten des hannoverschen und celleschen Hauses nach Den Haag und London, erbaut. Auch an den Planungen zur barocken Gartenanlage war er beteiligt. Das Schloss ähnelt in seiner Gestalt Buckingham House von 1703, dem Vorbau des späteren Buckingham Palace. Der Park wurde im strengen französisch-holländischen Stil gestaltet. Die rechteckige Schlossinsel wird dabei an vier Seiten von grachtenartigen Wasserkanälen umgeben. Der Aushub aus den Gräben wurde zur Erhöhung des Baugeländes verwendet. So konnte man die Fundamente höher legen und auf stabilisierende Pfähle im Boden verzichten. Auf der Insel stehen Lindenalleen parallel zu den Gräben. Zwei weitere Alleen führten ehemals auf das hintere Portal des Schlosses zu. Eine Brücke ermöglicht noch heute das Erreichen des Ehrenhofes vor dem Schloss. Die frühere Hauptzufahrt führte durch die Festonallee. Eine teilweise Umgestaltung des Parks fand um 1840 im englischen Stil, das heißt in landschaftlichen Formen, statt. Der ehemals strenge Rahmen hat sich jedoch zum Teil erhalten. Viele Einzelbäume und Rhododendren stammen aus der Zeit.

Nach dem II. Weltkrieg waren viele Bäume gerodet worden und der Park entfremdete sich immer mehr von seiner ursprünglichen Pracht. Ein Alten- und Pflegeheim zog 1948 in das Schloss ein und blieb dort bis 1994. Auch einige bauliche Veränderungen am Gebäude wurden vorgenommen. Der Initiative des Gärtners Kaletta ist es zu verdanken, dass der Verfall im Park gestoppt wurde und eine Rekonstruktion der ursprünglichen Strukturen begann. Durch sein Wirken ab 1973 wurden u. a. die Lücken im Alleensystem ergänzt und der mit Asche verfüllte Teich wieder hergestellt. Zum 1. 1. 1999 übernahm der Kaufmann Dr. Wulf Hartmann Schloss und Park nebst 18 ha Land mit der Auflage, die öffentliche Zugänglichkeit des Ensembles privatwirtschaftlich zu gewährleisten. Er hat sich

damit einen Traum erfüllt. Nach Klärung der planungsrechtlichen Grundlagen seitens der Stadt Klütz soll die denkmalgerechte Renovierung erfolgen. Familiengerechte Ferienapartments, ein Hotelbereich, Restaurant und Café werden entstehen.

Was ist zu sehen: Das prächtige Schloss Bothmer liegt in einer tiefen, hervorragend gewählten Stelle im Zentrum einer hügeligen Landschaft. Vom kleinen Parkplatz startet man einen Spaziergang, der vorerst nicht in den 12 ha großen Park führen sollte. So biegt man beim Tor zum Ehrenhof in die entgegen dem Eingang beginnende, etwa 300 m lange Allee aus girlandenförmig geschnittenen Linden ein und geht bis auf die höchste Erhebung hinauf durch den Hohlweg. Von hier aus hat man den besten Blick auf das zweigeschossige, dreiachsige Mittelrisalit des Palais mit dem runden, rosenumgebenen Wasserbecken im Ehrenhof. Hinter dem Schloss erstreckt sich ein Park, der aus barocken und landschaftlichen Elementen besteht. So finden sich gerade Lindenalleen, die auf die Kavaliershäuschen zuführen, und Wassergräben, die das Gelände nach außen hin wie Grachten zu allen Seiten begrenzen. Der innere Park ist nach landschaftlichen Prinzipien mit großen Wiesen- und Strauchflächen und einem weiten Wegenetz umgestaltet worden. Einen guten Überblick gewinnt man mit einem Blick von der rückseitigen Terrasse, vor der zwei prächtige Säuleneichen wachsen. Im Zentrum findet man das wiederhergestellte runde Wasserbecken mit dem Entenhaus. Im Park findet sich noch ein Konzertpavillon aus DDR-Zeiten, der weiterhin zu Veranstaltungen genutzt wird. Die vielen Einzelbäume verteilen sich auf die unterschiedlichsten Arten und sind heute zum Teil zu sehenswerten Exemplaren herangewachsen. Dazu gehören ein Tulpenbaum, die Esskastanie, Lärchen, eine sehr seltene Immergrüne Eiche, Magnolien, die Grautanne und Kiefern.

Der neue Eigentümer Dr. Wulf Hartmann sagt: „Der November ist der schönste Monat auf Schloss Bothmer. – Neben den anderen elf!“ Das auszuprobieren lohnt. Ein Besuch ist zu jeder Jahreszeit von ganz eigenem Reiz.

Besondere Pflanzen: Die eigenartige Form der etwa 270 Jahre alten Linden in der wohl bedeutendsten Allee Mecklenburg-Vorpommerns wurde einst durch künstliche Spaltung der Stämme herbeigeführt. Sie sollten den Eindruck von Girlanden vermitteln, gaben so der Festonallee (feston, franz. Girlande, Fruchtbehang) den Namen. Die Form ist in Nordeuropa einzigartig. Obgleich die Allee seit Jahren als Naturdenkmal gekennzeichnet ist, pflügt der landwirtschaftliche Betrieb bis heute unmittelbar an die Bäume heran...

Im Frühling ist der Schlosspark ein Blumenmeer. So finden sich der Aronstab, Schneeglöckchen, Schlüsselblumen, Narzissen sowie im Mai die farblich bestens abgestimmte Mischung aus Löwenzahn und Vergissmeinicht. Ein Quartier mit prächtigen Türkenbund-Lilien sowie einigen Wildorchideen sind Gärtner Kalettas besonderer Stolz.

Veranstaltungen: Mit der kulturellen Belebung haben Dres. Wulf und Petra Hartmann bereits vor der Renovierung begonnen: Im Ahnensaal des Hauptgebäudes und auf der Bühne im Schlosspark werden seit 1999 Konzerte veranstaltet, die inzwischen schon als Geheimtipp gelten.

Wissenswertes: Klütz bildet das Zentrum des „Klützer Winkels“, eines Gebietes, das wegen seiner ertragreichen Landwirtschaft auch „Goldene Aue“ oder „Speckwinkel“ genannt wird.

Gastronomie: Restaurant „Klützer Mühle“, Am Mühlenberg, Landhaus Klützer Eck.

Bewertung: Schloss und Parkanlage mit ihren Alleen sind als bedeutendes Ensemble unbedingt sehenswert.

Hoffentlich können die Zukunftspläne des Dr. Hartmann zügig umgesetzt werden. Kunst, Kultur und die Besucher würden sich freuen!

Landschaftspark Krumbeck

17259 Krumbeck

Anreise:
Der Ort liegt an der B 198 2 km von Bredenfelde entfernt. Der Park befindet sich mitten im Ort auf der linken Seite

Zur Geschichte: Im Jahre 1832 ließ Otto von Dewitz, Besitzer der Gutsanlage, den Landschaftspark anlegen. Die Pläne hierfür lieferte der Landschaftsarchitekt P. J. Lenné. Sanfte Reliefgestaltung mit Hügeln als Aussichtspunkten und einem weitläufigen Wegenetz führten durch das Gelände. Blickachsen zwischen Gutshaus, Kirche und Dorfschmiede waren geplant. Um 1900 wurden dem damaligen Zeitgeschmack entsprechend zahlreiche Nadelgehölze gepflanzt. Das Familiengrab der von Dewitz entstand 1920 im Park.
Nach 1945 setzte der Verfall des Parks ein, teilweise wurde er sogar bebaut und durch zweckentfremdete Nutzungen verändert. Das Gutshaus brannte 1952 ab. Nur ein Gutshausflügel blieb erhalten und ist heute renoviert. Die Rekonstruktion des Parks begann 1990 unter der engagierten Leitung von Stefan Pulkenat. Unterstützt durch ein ABM-Programm und eine engagierte Gemeinde wurden Gebäude und Ställe abgerissen, Teiche ausgebaggert, reichlich ausgeholzt und gezielt neue Pflanzungen gesetzt.

Was ist zu sehen: In der idyllischen Lage am Rande der Feldberger Seenlandschaft liegt der Lenné-Park von Krumbeck. Mit seiner ausgezeichneten Bodenmodellierung, den größeren, geschwungenen Wasserflächen, Wiesen, Bäumen, geschlängelten Wegen, verschiedenen Brücken und Strauchgruppen entspricht er dem landschaftlichen Harmoniebedürfnis des Gestalters. Der Plan von Lenné sah neben dem Park selbst auch noch die „Landesverschönerung" in Form der Einbeziehung der Landschaft und des Dorfes in den Park sowie des Parks in das Dorf vor. So knickt noch heute die Dorfstraße ab und der Blick gleitet geradeaus in den Park. Durch Aufweitung der Entwässerungsgräben entstand ein großer Teich mit natürlicher Ufergestaltung. Über drei rekonstruierte Brücken kann man die Insel im Zentrum der Parkanlage erreichen. Hier liegt eine Grabstelle der Familie von Dewitz aus Feldsteinen und ein im Erdreich verborgener Eiskeller mit zwei Eingängen. Malerischer Baumbestand mit alten Thujen, Platanen und einer skurrilen, zu zwei Dritteln abgestorbenen Douglasie

geben der Anlage einen besonderen Reiz. Eine für Mecklenburg seltene Lärchenalle führt im Osten des Parks in die Landschaft über.

Besondere Pflanzen: Mehrere Gehölze stammen noch von 1832. Bedeutend ist eine Ulme von 1832, da es durch das verbreitete Ulmensterben kaum Exemplare in solcher Gestalt gibt. Kleine Platanen wurden 1991 nach historischen Plänen im Eingangsbereich gepflanzt. Fach- und denkmalgerecht wurden alte, abgestorbene Bäume durch Pflanzung der gleichen Art im morschen Stamm des toten Baumes gesetzt. Auf diese Weise wird später die geplante Raumstruktur des Parks nicht verändert.

Veranstaltungen: Jeden ersten Samstag im August veranstaltet der Kunstverein Feldberger Land e.V. ein Musikspektakel auf der Insel des Parkteichs. Weiterhin gibt es wechselnde musikalische Angebote mit klassischer Musik, Jazz, Folk und künstlerischen Aktivitäten für Kinder und Erwachsene.

Bewertung: Krumbeck ist ein bislang wenig bekannter Park – zu Unrecht, da er sehr gut rekonstruiert worden ist.

In der Umgebung: Fährt man über Feldberg nach Lüttenhagen, so lohnt sich ein Abstecher zum „Paradiesgarten“. Dieser war der erste forstbotanische Versuchsgarten Mecklenburgs und wurde 1880 angelegt. Auf 0,5 ha wurden verschiedenste in- und ausländische Gehölze gepflanzt, darunter auch sehr selten vorkommende Arten. Besonders gut gediehen auf diesem Standort Douglasien. Sie entwickelten ein auffällig starkes Baumholz. Heute ist die stärkste Douglasie 40 m hoch und hat einen Stammdurchmesser von 106 cm! 1996 erweiterte man die Fläche auf 2,2 ha. In Zukunft soll besonderer Wert auf die zum "Baum des Jahres“ gewählten Baumarten gelegt werden.

Landschaftspark Kuchelmiß

18292 Kuchelmiß

Anreise: A 19, Abfahrt Krakow (Nr. 14), Richtung Krakow; nach ca. 2 km nach Kuchelmiß

Zur Geschichte: In den Jahren 1863-66 wurde für die Familie Hahn ein großes Herrenhaus erbaut. Nach der Beseitigung des Hauses Mitte der 1950er Jahre blieben nur noch der Marstall und Teile des ehemaligen Parks erhalten.
Eine Fachwerk-Wassermühle von 1751, heute technisches Denkmal und Museum, versorgte im 19. Jh. das Schloss mit elektrischem Strom.
Nach langen Jahren in Vergessenheit wurde auf Initiative eines Mitarbeiters des Forstwirtschaftsbetriebs Güstrow begonnen, die Reste des Parks zu pflegen. Nach einer Grundberäumung sind heute manche Strukturen wieder erkennbar.
Was ist zu sehen: Die Verbindung der Schlosspark-Relikte und der ruhigen Natur machen einen Besuch in Kuchelmiß lohnend. Empfangen wird man mit einem Blick auf skurrile Reste von Statuen, die auf einer Böschung arrangiert sind. Einige alte und nicht forstgerechte Bäume deuten auf die kulturelle Nutzung in der Vergangenheit hin. Oberhalb der Böschung ergibt sich ein Motiv, wie es ein Maler der Romantik besser nicht hätte vorfinden können: Der Blick über Rasen auf den ruhigen See fällt durch einen Rahmen aus einem abgestorbenen Baum und Gehölzgruppen. Wald im Hintergrund, eventuell aufsteigender Nebel... Es haben sich jedoch einige weitere Bereiche der Schlossanlage erhalten. Eine prächtige Blutbuche steht auf dem Schlosshügel, weiter finden sich Nutka-Scheinzypresse und die Kaukasische Flügelnuss. Mehrere Bäume wurden gar nachgepflanzt, so ein Mammutbaum Ende der 1980er Jahre. Der Marstall und weitere Nebengebäude sind stark verfallen. Zu besichtigen ist die alte Wassermühle. Im Herrenhaus Kuchelmiß von 1615 sind heute die Gemeindevertretung und eine Kindertagesstätte beheimatet.
Auf dem Weg zum Nebeltal finden sich einige Bäume, die ebenfalls erst in den 1980er Jahren gesetzt worden sind. Darunter die Sicheltanne, die Kanadische Hemlocktanne sowie Edel-, Küsten- und Grautanne. Schwarzkiefern stehen am Parkplatz.
Der Fluss Nebel durchströmt hier sein zum Teil sumpfiges Durchbruchtal in einem Moränengebiet, in dem sich eine natürliche Flora und Fauna des Wildbachtals erhalten haben. Naturlehrpfade (Rundweg 4 km) mit Gefällestrecken und großer Artenvielfalt von Fischen, Fließwasserinsekten und Vögeln sind vorhanden.
Gastronomie: Imbiss „Zur Mühle“ Mo 14-18 Uhr, Di-So 11-18 Uhr; im Dorf Restaurant „Zum Fischer“
Bewertung: Neben den teilweise interessanten Resten des Parks mit mystisch anmutenden Statuenteilen lohnt eine Wanderung durch das angrenzende Naturschutzgbiet des Nebeltals.

Landschaftspark Losentitz

18574 Losentitz

Anreise: Liegt im äußersten Süden von Rügen; Abfahrt von Garz, Park rechts im Ort.

Zur Geschichte: Nach 1767 kaufte die rügensche Bauernfamilie Dieke, die kurz darauf den Adelstitel von Dyke verliehen bekam, das seit dem 14. Jh. bestehende Gut. Bis zur Enteignung 1945 verblieb es in ihrem Besitz. Otto von Dyke ließ 1892 das Herrenhaus aus roten Klinkern mit schwarz lasierten Streifen und aufwendiger Innenausstattung erbauen. Die Gutsanlage wurde großzügig und umfassend gestaltet.

Bereits zu Beginn des 19. Jh. war die von Moritz Ulrich von Dyke angelegte große Plantage mit ihren vielen ausländischen und seltenen Gehölzen und Stauden als Arboretum bekannt und wurde weithin gerühmt.

Was ist zu sehen: Auf der Kuppe eines Hanges steht das sechsachsige Gutshaus. Es wird seit dem Winter 1999 restauriert. Unterhalb des Hauses erstreckt sich ein Landschaftspark. Größere, derzeit stark mit Schilf zugewachsene Teiche können an einer Einschnürung mittels einer hübschen weißen Holzbrücke überschritten werden. Ein weites, zum Teil zugewachsenes Wegenetz lädt zum Entdecken ein. Noch heute stehen im Park einige dendrologisch interessante Bäume und Baumgruppen aus der Zeit des Arboretums. So finden sich rechts hinter den Teichen einige Taxodien (Sumpfzypressen), die aufgrund des hohen Wasserspiegels im Boden bereits ihre typischen Luftwurzeln ausgebildet haben. Selbst eine dauerhafte Überflutung kann dieser Baumart nichts anhaben. So gibt es im Arboretum Ellerhoop in Tornesch bei Hamburg mehrere Exemplare, die mitten in einem See stehen.

Bewertung: Abwarten, was sich nach der Sanierung entwickelt. Für Entdecker.

Schlosspark Ludwigslust

Parkstraße
19288 Ludwigslust
Tel./Fax: 038 74/281 14

Anreise:
Bahn: bis Ludwigslust, 10 Min. Fußweg zum Schloss
PKW: A 24, Abfahrt Ludwigslust, B 106, B 191, B5

Führungen: Schlossführungen: April-Sept. Di-So 14 Uhr, Okt.-März Sa, So 14 Uhr; Parkführungen nach Vereinbarung

Behindertengerechte Anlage

Café/Restaurant im/am Park

Zur Geschichte:

In dem Örtchen Klenow ließ sich Prinz Christian Ludwig II. 1725-35 auf einem Gutsverwaltergrundstück ein Jagdschlösschen im Fachwerkstil mit angrenzendem formalem Garten errichten. Im Laufe der folgenden Jahre wurde der Garten ständig erweitert und so verändert, dass er langsam barocke Formen annahm. Ein erstes zentrales Rasenparterre mit hohen Hecken und angrenzenden Alleen bestimmte bald das Bild. Auch die berühmten, aus Pappmaché bestehenden römischen Büsten schmückten schon zu dieser Zeit neben Pavillons und Wasserbassins Wege und Plätze.

Ab 1741 wurde der Garten nach dem Vorbild des Wiener Belvedere ausgebaut. Unter der Leitung von Schlossgärtner Gallas und J. Legeay, der auch den Schweriner Schlosspark geprägt hatte, entstand ein „Lustgarten" mit einem rechteckigen Teich neben dem Parterre und ein mehrstöckiges Fontänenhaus zur Betreibung der zahlreichen Wasserspiele und Springbrunnen. Nachdem 1754 Schloss und Ortschaft in „Ludwigs-Lust" umbenannt wurden, begann zwei Jahre später der entscheidende Wendepunkt in der Geschichte der Anlage. Nach dem Tod Christian Ludwigs II. verlegte sein Sohn Friedrich von Mecklenburg für beinahe ein Jahrhundert die Hauptresidenz des Landes von Schwerin nach Ludwigslust. Umfangreiche Baumaßnahmen begannen. Zwischen zwei Flüssen wurde ein 28 km langer Kanal mit kleinen Hafenbuchten und verschiedenen Wasserkünsten angelegt. Ein ausgeklügeltes Kanalsystem diente dem Transport von Baumaterial, der besseren Wasserversorgung und wurde im schlossnahen Bereich zur Betreibung der zahlreichen Wasserspiele in die Gartengestaltung einbezogen. 1764-76 entstand die neue Schloss- und Stadtanlage, die vorhandene Wasserachsen, Straßenzüge und Gärten in die barocke Gestaltung einbezog. In der Hauptachse zum Schloss errichtete J. Legeay auf dem Vorplatz die frühklassizistische Schlosskirche und eine gewaltige, hölzerne Kaskaden-Wasseranlage. Sichtachsen und funktionale Beziehungen waren auf das neu entstandene Schloss ausgerichtet. Sogar ein Gehege mit Dro-

medaren, Büffeln, Murmeltieren und anderen exotischen Tierarten entstand im hinteren Parkbereich. Gegen Ende des 18. Jahrhunderts veränderte sich die Gartenumgestaltung auf die Weise, dass man entsprechend dem Stil der Zeit von der sehr formalen Gestaltungsweise abkam und – vorerst nur zögerlich – zu landschaftlicheren Formen überging. Zunächst wurden lediglich einzelne Gartenräume in geschwungene und geschlängelte Wegeführung umgeformt und zahlreiche Gartenarchitekturen und -plastiken eingefügt. Schließlich entfernte man sogar die Mauern und Hecken des Barockparterres. Als 1837 endlich alle Baumaßnahmen planmäßig abgeschlossen werden konnten, verstarb Großherzog Friedrich Franz I. und sein Nachfolger Paul Friedrich verlegte die Residenz zurück nach Schwerin. Es wurde ruhig um Ludwigslust.

Erst 1852 machte P. J. Lenné einen Entwurf zur Umgestaltung der Gartenanlage in einen Landschaftspark. Innerhalb von acht Jahren wurden viele seiner Vorschläge verwirklicht. Unter Erhaltung der barocken und architektonischen Gartenelemente unterzog er Teichufer und Wegeführungen einer landschaftlichen Überformung. Vorhandene Gartenbereiche fügte er gekonnt in seine Neugestaltung ein. Durch intensive Rodungsarbeiten lichtete er die dichten Waldbestände aus und schaffte interessante Blickbeziehungen.

Bis 1945 fanden keine wesentlichen Veränderungen in der Parkanlage statt. Nach 1945 zogen Kreisdienststellen und Behörden in das Schloss ein. Der Park wurde zum Teil gepflegt. In den letzten Jahren sind die Gartenbereiche, die in den Nachkriegsjahren durch Umnutzung gelitten haben, wieder rekonstruiert worden.

Was ist zu sehen: Mit 140 ha Fläche erwartet den Besucher in Ludwigslust der größte Park in Mecklenburg-Vorpommern. Doch nicht nur dieser Superlativ macht die Anlage attraktiv. Lange Spaziergänge sind hier möglich und sinnvoll. Heute erleben wir, neben der sehenswerten barocken Dorfanlage, den Park, wie ihn Peter Joseph Lenné umgestaltet hat: Ein wunderschöner Landschaftsgarten mit Resten der barocken Anlage wie Alleen und Kanälen. Sichtachsen bis weit in die Landschaft hinein schaffen immer wieder Blickbezüge zum Schloss und in einzelne Gartenbereiche. Möglich ist das Gehen auf vielen geschwungenen Wegen durch Wald und Wiesen sowie entlang der mit Säuleneichen beginnenden Mittelachse. Am Großen Kanal entlang führen Wege ab der Steinernen Brücke. Das Wasser fließt über Aufweitungen und kleine Wasserfälle bis zum großen Stern. Von hier gehen 14 Wege ab. Einer führt über das Restaurant im Schweizer Haus am Rand der Wiese entlang und von dort zurück zum Schloss. Auf den Spaziergängen stößt man immer wieder auf die Staffagen und kleinen Bauwerke, die aus dem 18. und 19. Jahrhundert stammen.

Besondere Pflanzen: Der Park bietet eine große Vielfalt an dendrologischen Besonderheiten. Dazu gehören die Sumpfzypresse, Kaukasische Flügelnuss, Tulpenbaum, Hemlocktannen, Amberbaum, mächtige Blutbuchen, Stileichen, Linden sowie Kastanien. Aus der Zeit P. J. Lennés (1852) haben sich u. a. Schneeball, Pfaffenhütchen, Hartriegel, Rhododendren und ein Perückenstrauch erhalten.

Besondere Bauwerke: Die Schlosskirche wurde 1765-70 von J. J. Busch als „point de vue" vom Schloss erbaut. In ungefähr derselben Zeit entstanden die hölzernen Schlosskaskaden von J. Legeay, die 1780 von R. Kaplunger durch Granit und Sandstein ersetzt wurden.

1788 erbaute man im Park die künstliche Ruine als Kulisse höfischer Feste. 1790-91 ließ man für Herzogin Louise das Schweizerhaus und für Herzog Friedrich Franz I. das Forsthaus mit Pferdedenkmal errichten. Bei Letzterem handelt es sich um das Grab des Lieblingspferdes des Herzogs. Das Mausoleum für Helene Paulowna entstand 1804-06 als schlichter klassizistischer Bau für die mit 18 Jahren verstorbene junge Frau des Erbprinzen. Die neugotische katholische Kirche Sankt Helenen wurde 1806-09 auf einer Teichinsel nordwestlich des Schlosses erbaut und mit Gemälden und Glasmalereien aus dem Hamburger Dom ausgestattet. Die klassizistische Begräbniskapelle (1809) nördlich des Schlosses wurde als Mausoleum für die Herzogin Louise erbaut und mit ägyptischen Stilelementen versehen.

Wissenswertes: Seit 1764 wird in Ludwigslust eine Pappmaché-Mischung verwendet, um Büsten, Vasen, Postamente, Konsolen, Säulen und Wände herzustellen und damit sehr viel teureren Naturstein, wie z. B. Marmor, zu imitieren.

Veranstaltungen: „Kleines Fest im Großen Park" Kleinkunstfestival Anfang August; große Open-Air-Konzerte mit weltberühmten Rock-, Pop- und Classic-Stars; Ludwigsluster Schlosskonzerte Mai-Sept.

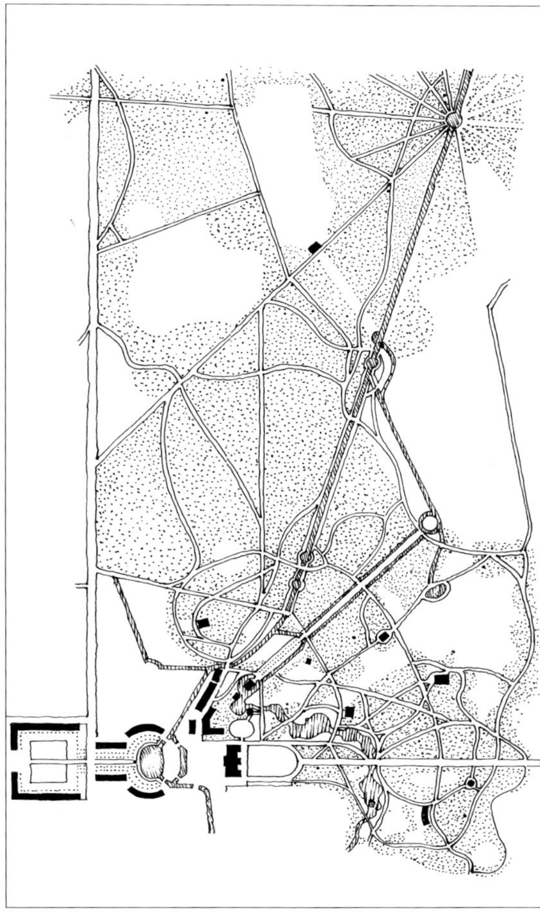

Bewertung: Die erhaltene barocke Dorfanlage mit der großzügigen Schlossanlage und dem klassizistisch überformten größten Park in Mecklenburg-Vorpommern sind einzigartig. Einen ganzen Tag einplanen, um das meiste zu entdecken und auch Schloss, Kirche und Dorf zu besichtigen.

In der Umgebung: Ca. 16 km nördlich von Ludwigslust liegt das kleine Örtchen Friedrichsmoor. Hier steht noch eines der ehemals zahlreichen herzöglichen Jagdschlösschen. Zwischen 1760 und 1785 erbaut, ist es eines der wenigen erhaltenen Fachwerkschlösser in Mecklenburg-Vorpommern, da die meisten später in feste Steingebäude umgebaut wurden. Berühmt sind Tapeten im Schloss, die Jagdmotive zeigen. Außen einige geschnittene Eiben. Im anschließenden Landschaftsschutzgebiet Lewitz mit langen Wasserachsen sind längere Wanderungen zu empfehlen.

Blütengarten Malchow

Friedensstraße
17213 Malchow
Tel. 03 99 32/127 54
(Klaus Bargfried, nach 19 Uhr)

Öffnungszeiten/Führungen: Mai-Mitte Okt. Di u. Sa 10 Uhr Führungen, sonst nur nach Voranmeldung

Anreise: in Malchow der Ausschilderung „Sporthotel" folgen, der Garten liegt neben dem Hotel.

Zur Geschichte: Mit dem Neubau einer Schule in Malchow im Jahr 1974 entstand die Idee, einen Schulgarten einzurichten. Ein junges Kiefernwäldchen in der Nähe eines Wohngebietes wurde als das geeignete Gelände befunden. 1976 begannen Schülergruppen und Lehrer mit dem Aufbau eines „Schulparks" mit botanischem Garten, der den Rahmen eines Schulgartens im herkömmlichen Sinne schon allein flächenmäßig sprengte. Die meisten Pflanzen stammen aus Potsdam-Bornim von der Firma Karl Foerster. Innerhalb von zehn Jahren entstand nach und nach ein Garten, der bald mit Zwiebel- und Knollengewächsen aus eigener Produktion an landesweiten Pflanzenbasaren und Tauschbörsen vertreten war. Dank des Engagements von Herrn Klaus Bargfried, unter dessen Leitung der Garten einst entstand und der ihn heute ehrenamtlich betreut, konnte der Garten auch nach der politischen Wende als Blütengarten Malchow erhalten werden.

Was ist zu sehen: Der Blütengarten Malchow ist nach allen Regeln der Gärtnerkunst angelegt worden. Besonders die Gestaltungsregeln Karl Foersters sind immer wieder anzutreffen. So wird z. B. auf ein harmonisches Zusammenspiel von Farben, Blattstrukturen und Höhengliederung wert gelegt. Der Garten ist heute für alle Besucher zugänglich und wird noch immer von einer freiwilligen Jugendgruppe mit Schülern zwischen 8 und 13 Jahren gepflegt.

Der Garten ist in verschiedene thematische Bereiche gegliedert. In einer Wildpflanzenanlage sind alle Gräser und Stauden zu sehen, die im Umkreis von 10 km wild vorkommen. Neben einem Frühblüherweg und einem Zauber- und Heilpflanzenbereich gibt es einen Steingarten mit fast 300 verschiedenen Arten und Sorten. In der zentralen Staudenrabatte sind im Sommer in mehreren „Sortenschauen" Phloxe, Astern, Iris, Taglilien, Lilien und Dahlien in den vielfältigsten Formen und Farben zu bewundern.

Ein Bereich mit zierenden Laub-, Nadel- und Fruchtgehölzen sowie ein Wildnisbereich mit Pflanzen der ursprünglich hier vorkommenden

Kiefernwäldchen und Beerengehölzen beruhigen die Sinne. Mehrfach sind Immergrüne und Koniferen mit sommergrünen Blütensträuchern, Stauden und Gräsern kombiniert. Neben einem Gingko und einem jungen Urwelt-Mammutbaum ist auch eine Panzerkiefer zu sehen, die als Tochterpflanze eines 1200 Jahre alten Exemplares im bulgarischen Piringebirge auf abenteuerlichen Wegen in den Blütengarten Malchow gelangte.

Bewertung: Der Blütengarten ist einer von wenigen Blumengärten im Bundesland und sollte den Urlaubern der Seenplatte einen Besuch wert sein. Auch einige Einheimische sollen ihn zu Unrecht noch nicht kennen...

In der Umgebung: Auf der Insel neben der Altstadt ist der Klostergarten Malchow erwähnenswert. Sein Name „Engelscher Garten" geht auf seinen Gründer Klosterhauptmann Engel zurück, der den Park mit seinem ehrwürdigen Baumbestand 1803 anlegen ließ. Hier gibt es gute Ausblicke auf die Stadt. Eine Renovierung erfolgte in den 1990er Jahren. Gegenüber liegt der alte Friedhof.

Vogelpark Marlow

Kölzower Chaussee
18337 Marlow
Tel. 03 82 21/265 oder 806 89
Fax 03 82 21/265

Öffnungszeiten: März-Oktober tägl. ab 9 Uhr

Anreise: Linienbus von Rostock oder Ribnitz-Damgarten

Führungen: Greifvogelvorführungen tägl. 11 und 15 Uhr, Vogelparkführungen nach Vereinbarung

Behindertengerechte Anlage

Zur Geschichte: Auf Initiative der Stadt Marlow und vier privaten Gesellschaftern entstand 1994 der Vogelpark Marlow.

Was ist zu sehen: In allen Teilen der Erde sind die Vögel, die in Marlow zu sehen sind, in der Natur beheimatet. Auf dem interessant gestalteten Gelände kann der Besucher sich einen Überblick über die vielseitige Vogelwelt der Erde verschaffen. So wurden in verschiedenen Bereichen Lebensräume von über 150 Vogelarten naturnah nachgestaltet. Die Anlagen sind großzügig angelegt. Einige sind sogar begehbar. Niemals langweilig wird das flinke Treiben der Pinguine. Durch eine Glasfront kann man ihre Spiele sowohl über als auch unter Wasser verfolgen. Im Tropenhaus mit entsprechender Bepflanzung und einem feuchtwarmem Klima ist die bunte Pracht zahlreicher Schmetterlinge und vieler anderer kleiner Tiere zu beobachten. Pelikane, Weißstörche, Löffler, Watvögel und Flamingos sind in weiteren Anlagen aus nächster Nähe zu sehen. Die meisten Vögel können so auch in Gesellschaft ohne Barrieren miteinander leben. Die Hauptattraktion sind für viele Besucher jedoch die zweimal täglich stattfindenden Flugvorführungen der Greifvögel. Adler, Bussarde, Milane, Falken und Eulen zeigen im Freiflug ihre Künste. Der Besucher erhält so einen authentischen Eindruck ihrer Lebensweise sowie ihrer dynamischen Flugkunst.

Kinder: Besonders spannend ist die unterschiedliche Art und Weise, durch die Kinder, aber auch Erwachsene die Vogelwelt erkunden können. Darüber hinaus locken die Streichelgehege mit verschiedenen Tieren zum Streicheln und Füttern. Auf dem großen Spielplatz kann man sich so richtig austoben.

Gastronomie: Ein Imbiss und ein Restaurant mit mecklenburgischen Speisen laden zur Stärkung ein.

Bewertung: Ein exotisches Erlebnis im bodenständigen Mecklenburg.

Arboretum Erbsland

17252 Qualzow (bei Mirow)

Anreise: 6 km nordöstlich von Mirow, zwischen den Dörfern Granzow und Qualzow; Parkmöglichkeit in Qualzow am Waldeingang

Zur Geschichte: Das „Erbsland“ war ursprünglich ein Stück Ackerland, welches sich im Gegensatz zu den umliegenden sandigen Böden durch hohe Fruchtbarkeit auszeichnete. Die Bauern nutzten es, indem sie Erbsen darauf anbauten. Daher der Name. Der Forstmeister Friedrich Scharenberg (1821-1901) begann 1887 das Gebiet mit fremdländischen Gehölzen zu bepflanzen. Dabei setzte er über 50 verschiedene Baumarten aus allen Regionen der Welt ohne Gestaltungsmotiv nebeneinander. Sein Ziel war es, ihre Eignung für die deutsche Forstwirtschaft zu testen, um gegebenenfalls die nach der Eiszeit verarmte mitteleuropäische Flora durch ausländische Arten zu bereichern. Zudem sollte die Wuchsleistung der einzelnen Arten getestet werden. In den 1960er Jahren wurde der Bestand durch Neupflanzungen ergänzt.

Was ist zu sehen: Die mittlerweile zu teilweise gewaltigen Exemplaren herangereiften Bäume stehen tief im Wald und sind nur nach einem Fußmarsch zu erreichen. Ausgeschildert ist der Weg vom Waldeingang bei Qualzow. Eine kleine Hütte bietet dem Wanderer Schutz vor Regen und gibt letzte Klarheit über die tatsächliche Ankunft am Objekt. In jeweils mehreren Exemplaren stehen die ausländischen Arten in einem Bestand aus heimischen Arten.

Besondere Pflanzen: Im Erbsland wachsen sehenswerte Stämme. Über 30 exotische Arten, die in diesem Alter sehr selten in Norddeutschland zu finden sind, stehen hier, z. B. Japanische Lärche, mehrere Tannen-, Kiefern- und Fichtenarten, Rotahorn, Douglasie (siehe Abbildung), Hickorynuss, Lawsons Scheinzypresse und Einblattesche.

Tipp: Am besten vorher eine Lageskizze (und Artenliste) zur Orientierung besorgen, die im Torhaus von Mirow zu bekommen ist.

Bewertung: Rucksack schnüren, Proviant einpacken und auf eine kleine Wanderung machen. Das Arboretum Erbsland gehört zu den ältesten und dendrologisch interessantesten forstlichen Anbauflächen in Deutschland: gestalterisch uninteressant, für Fachleute ein Muss, für Interessierte ein guter Ausflug.

Schlosspark Mirow

Schlossinsel 3
17252 Mirow
Tel. 03 98 33/203 46
Fax 03 98 33/221 80

Anreise:
Bus/Bahn: bis Mirow
PKW: A 19 Abfahrt Röbel,
B 198 Mirow

Zur Geschichte: Die bereits 1227 auf einer Halbinsel gegründete Johanniterkomturei mit Kirche ist seit 1564 im Besitz der mecklenburgischen Herzöge. Sie wurde mit Bastionen und Wassergräben befestigt und zur Residenz ausgebaut. Das weiße Torhaus von 1588 (Renaissance) ist das einzige aus dieser Zeit erhaltene Gebäude.

Nachdem durch einen Blitzschlag alle Komtureigebäude abgebrannt waren, wurde unter der Leitung von C. J. Löwe, dem Erbauer des Neustrelitzer Schlosses, 1749-52 ein zweigeschossiges Barockschloss im Fachwerkstil neu erbaut. Wegen des sehr moorigen Untergrundes wurde es einige Jahre später durch massive Backsteinwände ersetzt. 1758 errichtete man gegenüber vom Schloss die Kavaliers- und Küchengebäude. Vermutlich gleichzeitig zum Schloss ließ C. J. Löwe eine Gartenanlage im französischen Stil mit strengen barocken Gestaltungselementen ähnlich dem Neustrelitzer Park anlegen. Reste der Orangerie, einer Allee und das Rondell vor dem Schloss sind Zeugen dieser Zeit.

Als 1761 die Hauptresidenz nach Neustrelitz verlegt wurde, zog Ruhe ein. Nur noch zu Beisetzungen kam die herzogliche Familie nach Mirow, denn die Familiengruft verblieb in der Mirower Kirche. Diesem Umstand ist es jedoch zu verdanken, dass das Schloss seitdem nahezu unverändert blieb. Es zählt heute, auch wegen der Innenausstattung, zu den barocken Architekturschätzen in Nordostdeutschland. Zwischen 1822 und 1860 erfolgte vermutlich eine Gartenumgestaltung im landschaftlichen Stil. Sie wurde 1918 durch die Anlage der Liebesinsel ergänzt. Von 1949 bis 1979 diente das Schloss vorwiegend als Altersheim und zeitweise als Filmkulisse für die Babelsberger Filmstudios.

Seit 1984 wurde die Anlage renoviert. Der 1991 im Mirower Schloss gegründete Förderverein „Residenzschloss Mirow e.V." unterstützt die Restaurierung und Rekonstruktion des Schlosses und fördert die Gestaltung der historischen Parkanlage.

Was ist zu sehen: Die Schlossanlage Mirow profitiert in erster Linie von ihrer reizenden Lage auf einer Insel im Mirower See. Über das Gelände verteilen sich noch heute diverse historische Bau-

werke. Neben der Kirche ist die ehemalige Brauerei aus dem 15. Jh. zu sehen. Südlich des Torhauses, in dem die Tourist-Information beherbergt ist, finden sich noch Bastionen und Erdwälle aus dem 16. Jh. Das Residenzschloss ist als Hotel-Pension mit eigener Badestelle, Liegewiese, Bootsverleih und Kinderspielplatz ausgebaut.
Im Park (hinter dem Torhaus rechts halten) führt eine Brücke mit Vasen aus Muschelkalkstein auf eine gesonderte, kleine Insel – die „Liebesinsel". Hier befindet sich das Grabmal des letzten regierenden Großherzogs von Mecklenburg-Strelitz, Adolf Friedrich VI. Er hat sich 1918 (wegen einer Spionageaffäre oder aus Liebeskummer) das Leben genommen. Ein Bergahorn, zwei Blutbuchen und zwei Bänke zieren die beliebte Insel.
Der Baumbestand des auf sumpfigem Untergrund als Landschaftspark gestalteten Geländes ist von Schwarzerlen und Sommerlinden geprägt. Der Bodenbewuchs mit dunkelgrünem Efeu überwuchert die wenig genutzten Bereiche und die Umgebung der erhaltenen Freilichtbühne.

Besondere Bauwerke: Das Wahrzeichen der Stadt ist das 1588 erbaute Torhaus und bildet den Eingang zur Schlossinsel.
Die Johanniterkirche aus dem 14. Jh. wurde 1742-47 zur Hofkirche ausgebaut und 1945 stark beschädigt. 1951 wurde sie wieder aufgebaut. Hier befindet sich die Fürstengruft. Der Turm ist noch ursprünglich.
1735 wurde anlässlich der Hochzeit von Prinz Carl mit Elisabeth Albertine von Sachsen-Hildburghausen außerhalb des Burgplatzes das so genannte „Untere Schloss" als eingeschossiges Fachwerk-Barockschloss erbaut. Schon 1765 ist es als massiver zweigeschossiger Bau und 1848 nach einem Brand erneut umgebaut worden und diente 1820–1925 als Landes-Lehrerseminar von Mecklenburg. Heute ist es ein Gymnasium.
Wissenswertes: Die 1744 im „Unteren Schloss" in Mirow geborene Prinzessin Charlotte Sophie von Mecklenburg-Strelitz heiratete 1761 den englischen König Georg III. Sie war später die Namenspatronin, als englische Auswanderer im US-Bundesstaat Arizona „Charlottetown" gründeten.
Veranstaltungen: Im Festsaal des Schlosses finden Konzerte statt.
Bewertung: Zu Recht beliebt: die Liebesinsel. Hoffentlich werden bei anstehenden Renovierungen einige Schätze gehoben.
In der Umgebung: Unbedingt einen Besuch wert sind Schloss und Park im nahen brandenburgischen Rheinsberg. Kauf eines Renaissanceschlosses 1734 für den späteren König von Preussen, Friedrich II. Prägender Umbau durch ihn und seinen Freund und Architekten von Knobelsdorff. Ab 1752 Entwicklung über 50 Jahre durch Prinz Heinrich. Zu DDR-Zeiten Diabetiker-Sanatorium. Der Park entstand auf großer Fläche in Etappen zwischen 1734 und 1802 mit Elementen des Barock und Rokoko sowie des Klassizismus.
Schloss und Park werden seit der Wende aufwendig restauriert und sind bereits in bestem Zustand. Restaurants, Cafés und Shops sind vorhanden. Von der Schlossinsel im Grienericksee oder durch das prächtige Gartenportal gelangt man in den Schlosspark mit Felsengrotte, Ruine, Laubengängen aus Hainbuchen und Orangerierondell. Weite Spaziergänge durch den landschaftlichen Teil um den See sowie Motorbootfahrten und kulturelle Besuche im Schloss sind möglich. Sehenswert: der unverbaute, historische Ort Rheinsberg.

Landschaftspark Neetzow

Parkstraße
17391 Neetzow

Anreise: auf der B 110 zwischen Jarmen und Anklam; der Park liegt linksseitig im Ort

Führungen: auf Anfrage

Behindertengerechte Anlage

Zur Geschichte: In den Jahren 1848-51 wurde das Herrenhaus teilweise in neogotischen, teilweise in neoromanischen Formen von Baumeister Friedrich Hietzig gebaut. Türme und Terrassen schmücken das Gebäude, an vielen Stellen ist es zudem reich verziert. Terrakottaplatten zieren die Eingangsfront. Bauherr war Wilhelm von Kruse, der für die Fassade gelbe Klinker aus der gutseigenen Ziegelei verwendete. Bei Restaurierungsarbeiten 1964 wurde die Fassade an einigen Stellen vereinfacht und Schmuckelemente wurden beseitigt. Südlich vom Schloss steht noch die neogotische Reithalle, die ebenfalls in Gelbklinker gebaut wurde.

Weiträumig umgeben ist das erhöht liegende Haus mit einem gepflegten englischen Landschaftspark, in dessen Zentrum ein See liegt. An der Gestaltung war P. J. Lenné beteiligt. Währen der DDR-Zeit war hier das Agrarinstitut untergebracht. Seit der Wende steht das Schloss leer.

Was ist zu sehen: Um das romantisch anmutende Schloss Neetzow herum besteht ein sehenswerter Park. Obgleich das Gebäude seit langem leer steht, wurden die Außenanlagen durch ABM-Maßnahmen weiterhin gepflegt. Er ist gegliedert in kleinräumigere schlossnahe Flächen und einen landschaftlichen Bereich mit Rasenflächen, einen großzügigen Teich mit kleiner Insel und ständig neuen Blicken auf die Schlosskulisse. Eine große Sammlung aus unterschiedlichen Pflanzen wächst hier seit Jahrzehnten zu einem Ganzen zusammen. Auf einer Holztafel gegenüber der Parkklause sind die einzelnen Arten der Bäume mit ihrem Standort verzeichnet. Sie sind quartierweise nach Sorten und Wuchscharakter gesetzt worden. Die hier zu findenden Exemplare kommen zum Teil wirklich selten vor. Nennenswert sind der Maiglöckchenbaum, die Buntblättrige Eiche, die mehrstämmige, ausladende Kaukasische Flügelnuss oder die Wintergrüne Eiche. Auf gut erhaltenen Wegen ergeben sich viele Möglichkeiten, den Park zu erwandern. Lohnend ist der Weg zur „Quelle" des Teiches, einer aus Schlackesteinen gemauerten, halbkugeligen Grotte, aus der aufgestautes Wasser drückt.

Gastronomie: Am Park liegt die „Parkklause", die nach Anmeldung auch für Gruppen Essen bereitet; Anmeldung unter Tel. 03 97 21 / 23 65.

Bewertung: Unverständlich, dass sich für das Schloss in diesem schönen Park kein Nutzer findet!

Kulturpark Neubrandenburg

Schwedenstraße / Windbergsweg
17033 Neubrandenburg
Amt: Tel. 03 95/555-18 00
Fax 03 95/555-18 61

Anreise:
Bus: alle Linien bis Lessingstraße
Bahn: Bhf. Neubrandenburg
Pkw: B 96 südlich Neubrandenburger Ring (Richtung Berlin), Einfahrt Schwedenstr./Kulturpark; der Park ist auf der Ringstraße ausgeschildert.

Führungen: auf Anfrage, kostenlos

Behindertengerechte Anlage

Zur Geschichte: Auf einer ehemaligen Bruchwaldfläche am Ufer des Tollensesees wurde 1969-75 nach einer Planung von H. Krebber der Kulturpark angelegt. Unter Mithilfe der Bevölkerung und vieler Betriebe entstand der Stadtpark als zentrale Grünanlage. Nach derzeit laufenden gartendenkmalpflegerischen Untersuchungen sind in naher Zukunft bauliche Veränderungen zu erwarten, die die Anlage bereichern und den heutigen Nutzungsansprüchen anpassen sollen.

Was ist zu sehen: Zwischen dem historischen Stadtkern und dem Tollensesee gelegen, hat die Anlage den optimalen Standort als städtischer Naherholungspark. Sie bildet den Übergang von der Stadt in die natürliche Landschaft. Die zentrale Hauptpromenade mündet in die Uferpromenade, welche in den 42 km langen Rundweg um den Tollensesee eingebunden ist. Themenbezogene Gärten, wie der Stauden-, Moorbeet- und Wildrosengarten, schaffen Abwechslung und ruhigere Bereiche. Verschiedene Skulpturen stammen aus DDR-Zeiten. Die weiten Wiesenflächen und bruchwaldartige Bepflanzung erinnern an die frühere, hier natürlich vorkommende Flora. Sie sind für alle Arten von Spielen mit Kindern, Hunden und Familie geeignet und werden gut angenommen. Im Uferbereich befindet sich eine Insel mit Anlegestelle für die Schiffahrt über den See und einer Bootsausleihe. Bei gutem Wetter sprudelt im Bereich des Badehauses eine Fontäne im Tollensesee. Am Rande des Parks ergänzen vielfältige Einrichtungen das kulturelle, sportliche und gestalterische Angebot.

Kinder: Die Festwiese, das Tiergehege und Spielanlagen sind nicht nur für Kinder interessant.

Gastronomie: Gaststätte „Werderbruch“, Gaststätte „Am Parkhotel“, Gaststätte „Badehaus“, Eiscafé am Eingang des Kulturparks

Veranstaltungen: Ein großes Frühlingsfest wird im Mai, ein Herbstfest im Sept./Okt. gefeiert.

Bewertung: Eine der wenigen neu geschaffenen, gut erhaltenen und bedeutenden Parkanlagen der DDR-Zeit, die für Freizeit und Sport sehr beliebt ist.

Wallanlagen Neubrandenburg

Friedrich-Engels-Ring · 17033 Neubrandenburg
Grünflächenamt: Tel. 03 95/555-18 00 · Fax 03 95/555-18 61

Anreise:
Bus/Bahn: bis zum Zentrum
PKW: Innerhalb der Ringstraße liegen die Wallanlagen.

Behindertengerechte Anlage

Zur Geschichte: Etwa 100 Jahre nach der Stadtgründung begann man im 14. Jh. mit dem Aufbau einer ausgeklügelten Festungsanlage zum Schutz vor feindlichen Heeren. Eine 7 m hohe Stadtmauer mit eingelassenen Kampfhäusern (Wiekhäuser) und repräsentativen Toranlagen, breite Gräben und ca. 4 m hohe Schutzwälle umgaben die Stadt ringförmig. Anfangs von Bewuchs freigehalten, entstand schon im 16. Jh. ein erster Eichenwald auf den Wällen. Als Neubrandenburg nach dem Dreißigjährigen Krieg seinen Festungscharakter aufgab, verlor die Stadtbefestigung ihre Bedeutung und die Wälle wurden zur Schweinehaltung genutzt. Da das Vieh Sträucher und Jungpflanzen am Boden fraß, konnten sich die Eichen zu freistehenden Bäumen mit großen, kräftigen Kronen entwickeln. Schon im 17. Jh. wurden erste gesetzliche Regelungen zum Schutz der Bäume getroffen. Im 19. Jh. wuchs die Stadt über ihre alte Stadtgrenze kontinuierlich hinaus und die Wallanlage gewann zunehmend an Bedeutung als öffentliche Naherholungsfläche. Sie wurde eingeebnet, Entwässerungsmaßnahmen durchgeführt und geschwungene Wege angelegt. Eine landschaftliche Parkanlage mit Promenaden, Teichen und Blumenrabatten entstand. 1945 wurde die historische Innenstadt bis auf die Stadtbefestigung fast vollständig zerstört. Ab den 1960er Jahren begann man nach und nach mit der Rekonstruktion. Entlang des Walls entstand schließlich der Hauptverkehrsring. Zur Zeit ist eine Neuplanung des Grünzugs in Arbeit. Nach historischen Plänen soll die Struktur der Parkanlage des ausgehenden 19. Jh. wieder herausgearbeitet werden.

Was ist zu sehen: Die ca. 2,3 km lange Stadtmauer aus Feldsteinen mit Backsteinkrone um die Altstadt herum hat sich bis heute erhalten. Im Abstand von 30 m sind die Wiekhäuser aus Fachwerk in das alte Gemäuer eingelassen. Bisher konnten 24 der 56 ehemaligen Verteidigungshäuschen rekonstruiert werden, die heute eher eine liebenswerte, harmonische Ausstrahlung haben, und nichts erinnert mehr an ihre ursprüngliche Funktion. Die Parkanlage schließt sich an den Mauerring um die Altstadt an. Trotz der Belastung der nahen Hauptverkehrsstraße konnten sich viele der 200-400 Jahre alten Eichen erhalten. In der Innenstadt stellt der Park wahrlich eine Oase dar. Schmale Wege führen durch das dichte Grün. Im Bereich der vier rekonstruierten, sehenswerten mittelalterlichen Stadttore im Stil der Backsteingotik lichtet sich das Gelände und Blumenbeete zieren den Eingangsbereich zur Altstadt. Der ehemalige Fangelturm ist als Aussichtsturm ausgebaut worden und bietet einen freien Blick über die Stadt.

Besondere Pflanzen: Seit Beginn der Bepflanzung der Wallanlagen im 16. Jh. stehen mehrere alte Eichen im Gelände. Die älteste ist ca. 420 Jahre alt.

Bewertung: Ein Stück erlebbare Stadt- und Kulturgeschichte verläuft im Kreis um die Altstadt. Mitlaufen und entdecken!

In der Umgebung: Etwa 10 km östlich von Neubrandenburg liegt Cölpin. Stephan Werner von Dewitz übernahm 1750 das Gut von seinem Vater, baute in kurzer Zeit einen erfolgreichen Land- und Forstwirtschaftsbetrieb auf und trat in die Dienste des Herzogs. 1778-85 erweiterte er das Gut und ließ das heute erhaltene barocke Herrenhaus errichten. Später legte er mit seinem Sohn den landschaftlichen Park an, dessen alter dendrologischer Bestand noch heute zu sehen ist. Selten, aber botanisch machbar: Sumpfzypressen im Wasser!

Landschaftspark Neu Kaliß

Straße des Friedens
19294 Neu Kaliß

Anreise:
Bus/Bahn: von Dömitz und Ludwigslust
PKW: B 191 von Dannenberg nach Ludwigslust, Abfahrt in Heiddorf; vor der Bahnlinie rechts herum zur Klinik

Behindertengerechte Anlage

Zur Geschichte: Am Standort des Flusses Neue Elde gab es bereits seit dem 16. Jh. Walk-, Öl-, Papiermühlen und eine Eisenfabrik. 1872 gründeten hier Felix Schoeller und Theodor Bausch eine Papierfabrik. Kurze Zeit später ließ Bausch für sich und seine Familie nahe der Fabrik ein Wohnhaus errichten. Gleichzeitig legte der Gärtner Vieth aus Wittenburg einen Landschaftspark nach englischem Vorbild an. Kleine, zur Be- und Entwässerung des durch Hochwasser gefährdeten Gebietes dienende Teiche wurden in die Gestaltung integriert. Zahlreiche wertvolle in- und ausländische Gehölze zierten die Anlage. Später wurden in den Park zwei weitere Villen für zwei der Söhne von Bausch und ihre Familien gebaut. Diese historische und harmonische Dreiteilung der Anlage konnte sich bis heute erhalten.

In den letzten Kriegstagen nur leicht beschädigt, wurde der Park in der Nachkriegszeit fast vollständig zerstört. Die durch die Sowjetarmee demontierte Fabrik lagerte in Einzelteilen im Park. Ein Großteil der Pflanzen hatte schwere Schäden genommen. Nach der Flucht der Familie Bausch 1950 begann der langsame Verfall. In die Gebäude zog ein Krankenhaus ein. Seit 1994 wieder im Besitz der Bauschs befindet sich nun die Diakonie Dobbertin in den Gebäuden.

Was ist zu sehen: Durch große Rotklinker-Industrieanlagen erreicht man von Heiddorf rechter Hand die Klinik Neu Kaliß. Die drei hübschen alten Villen in der kleinen Anlage haben sich erhalten und sind teilweise renoviert. Die Elde, der längste Fluss Mecklenburgs, begrenzt den Park. Alte Bäume, die die Wunden der Nachkriegszeit längst haben verheilen lassen, gepflegte Rasenflächen und Teiche bilden das klassische Gerüst dieses landschaftlichen Parks. In großer Vielfalt sind Baumarten vorhanden, die durch ihr Alter einen malerischen Wuchs erlangt haben. Verwilderte Schneeglöckchen erfreuen den Besucher im Frühjahr. Zu bemängeln sind einige zusätzliche Bauten links des Eingangsbereichs sowie die neuen Nutzungen mit einem Wohnhaus, Garagen und Fahrflächen. Die Neubauten des Jahres 2000 liegen außerhalb der Parks.

Besondere Pflanzen: Mehrere Sumpfzypressen, eine um 1640 aus den Sümpfen des südöstlichen Nordamerika nach Europa eingeführte Pflanzenart, haben am Ufer des hinteren Teiches auf über 30 m Länge ihre im Alter bei hohem Grundwasserspiegel typischen Atemknies (eine Art Luftwurzeln) ausgebildet. Wie eine Kette aus kleinen, kegelförmigen Bergen befestigen sie auf natürliche Weise das Ufer. Sie dienen zur Stütze des Baums und wahrscheinlich auch zur Atmung. Sie werden bis zu 30 cm dick und können eine Höhe von 1 m erreichen.

Bewertung: Ein hübscher kleiner Park für den Verdauungsspaziergang am Sonntagnachmittag.

In der Umgebung: Am Zusammenfluss von Elbe, Löcknitz und Müritz-Elde-Kanal liegt die Stadt Dömitz. Hier hat sich eine „fünfeckige" mittelalterliche Stadtbefestigungsanlage mit einem umlaufenden Wassergraben unzerstört erhalten. Sehenswert sind die alte Bastion, Kasematten und das Wallmeisterhaus sowie das Heimatmuseum.

Schlosspark und Tiergarten Neustrelitz

Schlossstraße
17235 Neustrelitz

Stadtinformation:
Tel. 039 81/25 31 19
Fax 039 81/20 54 43

Öffnungszeiten:
Okt.-April tägl. 9-16 Uhr,
Mai u. Sept. tägl. 9-18 Uhr,
Juni-Aug. tägl. 9-19 Uhr

Eintritt: Erw. DM 4,-/Erm. DM 2,-

Anreise:
Bus: 1, 2, 3 Buttelplatz
Bahn: Hbf.
PKW: Park und Garten liegen im Zentrum von Neustrelitz.

Führung: nach Voranmeldung

Behindertengerechte Anlage

Zur Geschichte: Nachdem das alte Residenzschloss 1712 abgebrannt war, entschied sich Herzog Adolf Friedrich III. nicht zum Wiederaufbau an gleicher Stelle. Stattdessen ließ er das außerhalb der Stadt gelegene Jagdschlösschen Glineke zum Hauptsitz um- und ausbauen. Der „Kunstgärtner" und gleichzeitig Baumeister des Schlosses, J. Löwe, war es, der unmittelbar nach Fertigstellung der Gebäude einen Barockgarten anlegte. Das leicht abfallende, sumpfige Gelände zwischen Schloss und Zierker See wurde entwässert und stark terrassiert, die Hauptachse durch eine sechsreihige Allee betont. Durch die Verjüngung der Allee zum Ufer hin erreichte der Gestalter eine optische Verlängerung des Gartengrundstücks. Statuen, Grotten, ein Irrgarten und mächtige Treppenanlagen prägten die Anlage - dem Geschmack der Zeit entsprechend.
Das angrenzende Tiergehege wurde bereits 1721 als Jagdrevier dem Schlossensemble angeschlossen. Doch erst nachdem der Schlossgarten angelegt worden war, bezog man auch das Gehege mittels der Weiterführung der Hauptachse durch den Wald künstlerisch in die Planung ein. Eine über 3 km lange Achse prägte nun die Anlage. Im Zuge der Bauvorhaben wurde 1733 die Residenzstadt Neustrelitz gegründet, die einer vollkommenen Neuplanung ebenfalls durch J. Löwe unterzogen wurde. Neben einigen bemerkenswerten Gebäuden geht der erhaltene, sternförmige Markt auf die barocke Stadtplanung zurück.
Während des 19. Jh. veränderte und erweiterte man die Anlage entscheidend. Der westlich angrenzende Gartenbereich wurde unter Anleitung Lennés von einem seiner Schüler als Landschaftspark angelegt. Der Barockgarten wurde diesem landschaftlichen Stil angepasst, Terrassierungen beseitigt und lediglich die gerade Hauptallee erhalten. Auch die barocke Ausstattung ersetzte man durch zeitgemäße Kunstwerke. Der Tiergarten wurde als Volkspark der Öffentlichkeit zugänglich gemacht.
Auch die Schlosskoppel, eine ehemalige Viehweide, wurde nun gestalterisch in die Gesamtplanung einbezogen. Das damals 50 ha große Gebiet wurde in einen Landschaftspark umgewandelt und direkt mit

dem Schlossgarten verbunden. 1945 brannte das Schloss völlig aus und wurde in den folgenden Jahren komplett abgetragen. Der in Mitleidenschaft gezogene Park konnte erhalten werden. Eine Umbenennung in den 1950er Jahren in „Stadtpark" setzte sich in der Bevölkerung nicht durch.

Was ist zu sehen: Vom barocken quadratischen Marktplatz, von dem sternförmig acht Straßen abgehen, gelangt man über die Schlossstraße auf den Standort des ehemaligen Schlosses. Mit seinem Fehlen ist dem Park der entscheidende Bezugspunkt verloren gegangen. Dennoch erahnt man die einstige Bedeutung durch die lange Hauptachse, die im Schlosspark in die barocke Götterallee mit Kunstwerken des 19. Jh. mündet. Die ursprünglich sechsreihige Allee wurde in den 1980er Jahren entholzt und durch eine vierreihige ersetzt. Den Endpunkt der Achse ziert noch heute der romantische Hebetempel. Der anschließende Landschaftsgarten mit mächtigen Bäumen, klassizistischen Gebäuden und dem sanft modellierten Relief lädt zu ruhigen Spaziergängen ein.

Die Hauptstraße überquerend gelangt man zum Wanderweg am Ufer des Zierker Sees. Vorbei an dem Chinesischen Teehäuschen und der Weißen Brücke erreicht man die Schlosskoppel. Das nur noch teilweise erhaltene Gelände hat stark waldartigen Charakter. Neben dem kleinen „Borkenhaus" sind viele verschiedene Baumarten, darunter zahlreiche über 100-jährige Exemplare, zu finden.

Das erhaltene, eiserne Hirschtor mit zwei bronzenen Hirschköpfen (1826) von F. W. Buttel führt vom Schlosspark in den Tiergarten. Im Wald ist die Ruine des Pulverturms, ein kleiner Backsteinbau mit spitzbogigen Fenstern, zu sehen. Den Ansprüchen eines modernen Zoos entsprechend sind viele Gehege erneuert und den Bedürfnissen der Tiere angepasst worden. Es sind vorwiegend Waldtiere und viele heimische Tierarten zu sehen.

Besondere Bauwerke: Entlang der Götterallee - eine Seitenallee, die auf die Orangerie zuführt - stehen beidseitig einige Sandsteinfiguren (Najade, Herbst, Apoll, Winter und Jupiter rechts, Mars, Meleager, Juno und Diana links). Es sind die wenigen erhal-

tenen und teilweise durch Kopien ersetzten Plastiken der Bildhauer G.J. Marckwalter (Dresden) und S. Gehle (Neustrelitz), die während der Barockzeit das Parterre schmückten. Im Orangeriegarten finden sich ebenfalls die Säule mit dem betenden Knaben sowie der Kinderbrunnen, der einst als Geschenk aus Sanssouci kam. Die Orangerie wurde 1755 von M. Seydel und J. Vogel im Rokokostil erbaut und 1840-42 im klassizistischen Stil zum Gartensalon umgebaut. Heute beherbergt sie ein Restaurant. Im Verlauf der Hauptachse stehen zwei Marmorspringbrunnen, die Ildefonsogruppe, die Viktoria von Leuthen (Siegesgöttin der Schlacht von Leuthen) und die Drake-Vase. Alle Plastiken sind heute durch Kopien ersetzt. Der Hebetempel am Fuße der Achse (Mitte 19. Jh.) wird von einer Apollo-Plastik gekrönt und beherbergt die Statue der Hebe (griechische Göttin der Schönheit) von Antonio Canova (Kopie).

Der Luisentempel aus schlesischem Sandstein im westlichen Parkbereich wurde 1891 von B. Sehring anstelle eines älteren Holztempels erbaut. Er beherbergt eine historische Kopie des originalen Sarkophages für die zu Lebzeiten sehr beliebte preußische Königin. An der südlichen Parkgrenze stehen das 1755 vom Reithaus zum Theater umgebaute Gebäude sowie der Marstall aus den 1870er Jahren.

Kinder: Mehrere gut ausgestattete, verschiedenartige Spielplätze (darunter ein großer Abenteuerspielplatz), ein Grillplatz und ein Fütter- und Streichelgehege finden sich im Tiergarten.

Wissenswertes: Prinzessin Charlotte Sophie von Mecklenburg-Strelitz heiratete 1761 in Neustrelitz den britischen König Georg III. Ihr zu Ehren benannte ein englischer Hofgärtner die Neuzüchtung einer Lilienart nach ihrer Heimat – „Strelitzie".

Gastronomie: Restaurant und Gartencafé „Orangerie", Mo-So ab 10 Uhr; Gaststätte mit Biergarten und Nationalparkausstellung, Di-So 9-16 Uhr

Veranstaltungen: Im Rahmen des Kultursommers Neustrelitz finden zahlreiche Veranstaltungen statt.

Bewertung: In Neustrelitz lohnt der Besuch wegen des gesamten Ensembles aus Stadtanlage und Parklandschaft. Auch längere Wege sind möglich.

Findlingslehrgarten Zierker See

Auf dem Buteberg bei
17235 Neustrelitz

Anreise:
Bus: von Neustrelitz Richtung Prälank, Station Café Prälank, 2 km Fußweg
PKW: von Neustrelitz über Useriner Straße Richtung Prälank/Kalkofen, von da ausgeschildert

Was ist zu sehen: In den ca. 14 km langen Wanderweg rund um den Zierker See bei Neustrelitz ist der 1,3 km lange Naturlehrpfad eingebunden. Schrifttafeln begleiten den Besucher und geben Aufschluss über die im Wald lebenden Tiere und deren Erkennungsmerkmale. Auch über floristische und dendrologische Besonderheiten sowie deren Schutzstatus wird aufgeklärt. Das Kernstück des naturkundlichen Lehrpfades bildet ein kleiner, übersichtlicher Findlingsgarten. Über 80 auf einem Rasen zur Schau gestellte Gesteine geben einen Überblick über die verschiedenen Typen von Findlingen (z.B. Windkanter, Strudelstein u.a.), unterschiedliche Gesteinsarten und deren Herkunftsgebiete. Während der Eiszeit wurden die Brocken etwa 1 Million Jahre lang durch das Land geschoben und legten teilweise über 1000 km zurück. Informationstafeln begleiten den Besucher, der außerdem mehr über die eiszeitlichen Strukturen im Strelitzer Land lernen kann.

Tipp: Der beschriebene naturkundliche Lehrpfad kann mit dem angrenzenden forstbotanischen Lehrpfad verbunden werden. Ein kleiner Badestrand in der Nähe des Parkplatzes lädt zum Verweilen ein. Der Wanderweg rund um den Zierker See wird begleitet von mehreren künstlerischen Aktionen, sportlichen Angeboten und gastronomischen Einrichtungen.

Bewertung: Für Geologen und Nicht-Geologen eine interessante und sehr gut aufbereitete Abwechslung auf einer Radtour oder Wanderung um den Zierker See.

Slawendorf am Zierker See

Useriner Straße
17235 Neustrelitz
Tel. 039 81/27 31 30
Fax 039 81/27 32 80

Öffnungszeiten: Ostersamstag - Ende Oktober: Do-So u. Fei 10-18 Uhr, Mi Projekttag
Eintritt: Erw. DM 3,-/Kinder DM 5,-/Familienermäßigung

Anreise: 2 km Fuß-/Radweg von Stadtmitte
Bahn: 5 km Fußweg vom Hbf. Neustrelitz Richtung Zierker See
PKW: Useriner Straße in Neustrelitz, von da ausgeschildert

Führungen: nach Vereinbarung, Gruppen nach Voranmeldung DM 25,-

Behindertengerechte Anlage

Zur Geschichte: Zahlreiche Funde zeugen davon, dass im Osten Mecklenburg-Vorpommerns vom 7.-13. Jh. nachweisbar mehrere Slawenstämme gelebt haben. Um die Geschichte den Besuchern näher zu bringen, wurde im November 1994 das Projekt „Slawendorf" gegründet. Durch staatliche Fördermittel gelang es der Innovativen Personal- und Strukturentwicklungsgesellschaft mbH Neustrelitz (IPSE GmbH), ein frühmittelalterliches Dorf am Ufer des Zierker Sees nachzubauen. Nach intensiven Recherche- und Vorbereitungsarbeiten konnte das Slawendorf 1998 offiziell eröffnet werden.
Was ist zu sehen: Derzeit besteht das Dorf aus 16 Gebäuden, die aus natürlichen Materialien wie Baumstämmen, Lehm, Schilf und Eichenholznägeln gebaut und der Slawenzeit nachempfunden sind. Nach außen ist die Anlage durch Palisaden und Wehrgänge abgegrenzt, und vom „Wachturm" hat man einen wunderbaren Blick in die Landschaft. Die Innenräume der Häuser und Hütten wurden mit Fellen und zahlreichen handwerklichen Arbeiten ausgestattet. Jedes Gebäude im Dorf hat seine eigene Funktion und fast überall kann der Besucher selbst aktiv mitwirken. So gibt es z.B eine nachgebaute mittelalterliche Drechselmaschine. Unter Anleitung kann man sich kreativ in traditionellen Handwerken wie z. B. Knüpfen, Weben, Spinnen, Filzen, Schmieden oder Schnitzen (in Holz oder Alabaster) üben. In einem echten Lehmofen wird köstliches Brot gebacken. Das Slawendorf befindet sich noch im Aufbau und wird inhaltlich ständig erweitert. Es sind weitere Gebäude und sogar der Nachbau eines seetüchtigen, historischen Schiffes am Ufer des Zierker Sees geplant.
Kinder: Das Slavendorf ist eine wirkliche Erlebniswelt für Kinder jeden Alters und unterschiedlicher Interessengruppen. Neben dem Kennenlernen einer vergangenen Zeit ist es auch ein Paradies für Kids mit phantasievollen und kreativen Fähigkeiten.
Veranstaltungen: Thematisch gestaltete Feste und Aktionstage gibt es von Juni-September, die Termine sind auf Anfrage erhältlich.
Bewertung: Gegen Wissensverlust und Langeweile das Slawendorf besuchen.

Alter Friedhof Parchim

Wallallee, Friedhofsweg,
Loescherweg
19370 Parchim
Grünflächenamt:
Tel. 038 71/712 60
Fax 038 71/711 11

Anreise: Bus: alle Linien bis Busbahnhof
Bahn: Hbf., von da Bus
PKW: B 191 Richtung Plau

Behindertengerechte Anlage

Zur Geschichte: Bis zum ausgehenden 18. Jh. gab es zwei Kirchenfriedhöfe in Parchim, je einen für die Gemeinde St. Georg und St. Marien. Als beide schließlich hoffnungslos überfüllt waren, setzte sich der Bürgermeister I.J. Loescher für die Anlage eines neuen, gemeinsam genutzten Friedhofes außerhalb der Stadtmauer ein. Dies löste aus religiösen und sozialen Gründen in der Bevölkerung zunächst starke Empörung aus. Erst kurz nach dem Tod Loeschers 1796 wurde die Genehmigung erteilt. Auf dem Grundriss eines regelmäßigen Sechsecks entstand der neue, von einer Ziegelmauer begrenzte Friedhof. Doch bald stellte sich heraus, dass diese Fläche zu klein war. 1853 folgte eine erste Erweiterung des Geländes nach Osten und 1882 eine weitere nach Süden. Die Umfriedung erfolgte nunmehr durch Heckenpflanzungen. Seine jetzige Flächenausdehnung erhielt der Friedhof 1913. Als die Anlage 1937 von kirchlicher in städtische Verwaltung überging, wurde sie umgestaltet und erhielt erstmals parkähnlichen Charakter. Im Jahre 1970 fand hier die letzte Beerdigung statt. Das Nutzungsrecht der verbliebenen Grabstätten läuft im Jahr 2000 aus. Die Stadt Parchim plant die Umgestaltung des Alten Friedhofs in einen Stadtpark. In die Gestaltung werden wertvolle historische Grabmale, Grabanlagen und Kapellen einbezogen, so dass der Ursprung der Anlage erkennbar bleibt.

Was ist zu sehen: Vom Haupttor führt die Hauptallee aus Platanen bis zur Loescher-Kapelle. Die Gedenkstätte des ehemaligen Bürgermeisters ist das älteste Grabmal der Anlage und wurde erst nach seinem Tod ihm zu Ehren errichtet. Auf dem Friedhof finden sich jedoch noch viele weitere Grabmale und schöne alte Kapellen. Einige sind von Schling- und Kletterpflanzen überwuchert. Als Kuriosität gilt ein von Efeu eingewachsenes eisernes Grabkreuz. Viele bedeutende und verdienstvolle Bürger Parchims liegen hier begraben, unter anderem der Großvater H. Kants und einige Freimaurer und Mitbegründer der deutschen Burschenschaften. Der älteste Teil ist zur Bundesstraße von einer zierenden roten Backsteinmauer umgeben. Neben dem Haupttor gibt es zwei kleinere Nebeneingänge.

Besondere Pflanzen: Neben der Hauptallee gibt es viele wertvolle Einzelbäume: Blutbuchen, eine Hängeblutbuche, Stileichen, Hängeeschen, Eiben und eine Vielzahl von Rhododendren. Ein Teil der Bäume kann auf ein Alter von ca. 120-150 Jahre geschätzt werden. Am Alten Friedhof stehen außerdem die „Herzogslinden der Parchimer 33er Gilde". 1350-1945 bestand die Bruderschaft in Parchim, die sich ursprünglich aus 33 Mitgliedern gründete. Der spätere Großherzog Friedrich-Franz I. nahm 1808 in seinen frühen Jahren an einer Gildefeier teil und ließ sich aufnehmen. Diesem Ereignis zu Ehren pflanzten die Burschen ein Jahr später die sogenannten „Herzogslinden".

Bewertung: Ein Stadtpark, der aus einem Friedhof hervorgeht, ist eine Besonderheit und hat einen morbiden Charme. Bleibt zu hoffen, dass die Planungen voranschreiten.

Schlosspark Putbus

Alleestraße/Kastanienallee
18581 Putbus
Putbus-Information (Circus 1):
Tel. 03 83 01/431

Anreise:
Bus: Line RPNV von Stralsund bis Bergen, Bergen bis Putbus; Regionalbahn bis Bahnhof Putbus; Kleinbahn „Rasender Roland“ ganzjährig im Zweistundentakt von Binz und Göhren
PKW: E 22/251 von Stralsund über Bergen nach Putbus

Führungen:
Parkführungen: Mitte Mai-Anfang Oktober Fr, Sa u. So 11.30 Uhr, Treffpunkt: Circus, Ecke Kastanienallee, ca. 1,5 Std.
Stadt- und Parkführungen: Ende Mai-Mitte Oktober Di 11 Uhr, Treffpunkt: Bahnhof Vorplatz, ca. 3 Std.

Behindertengerechte Anlage

Zur Geschichte: Bereits seit der slawischen Besiedlung als Herrschersitz dienend, wurde Putbus 1371 erstmals als Wohnsitz der Familie Putbus erwähnt. Erst im 16. Jh. wird das Anwesen in den historischen Aufzeichnungen als „Schloss“ bezeichnet. Nachdem die rügensche Linie der Familie Putbus ausstarb, übernahm 1702 ein Vertreter der dänischen Linie, Malte I., den Landsitz. 1725-30 wurde das Schloss im Stil der Zeit umgebaut und eine erste barocke Gartenanlage mit geradlinigen Hecken und Alleen sowie einem Weinberg entstand. Doch erst mit Wilhelm Malte I. (1783-1854) wurden tiefgreifende Veränderungen vorgenommen. Während des gesamten 19. Jh. entstand eine einzigartige klassizistische Stadt- und Schlossanlage. Nach architektonischen Vorbildern wie Bad Doberan und Heiligendamm ließ er 1808-23 Putbus planmäßig zum Residenz- und Badeort umgestalten. Nördlich der Schloss- und Parkanlage wurden eine neue Stadt mit Hotels, Theater und Kurhaus für den gehobeneren Anspruch sowie Wohn- und Geschäftshäuser errichtet. Alle Häuser waren zwei- bis dreistöckig, bildeten zur Straße hin eine durchgehende Front und wurden weiß getüncht. Den Mittelpunkt der Anlage bildete ein großer, runder Platz, der Circus, der in der Mitte von einem Obelisken zur Erinnerung an die Stadtgründung geziert wird. Per Aufruf versuchte der 1817 in den preußischen Fürstenstand erhobene Wilhelm Malte I., Handwerker und Tagelöhner in der Stadt anzusiedeln. Doch erst nach Errichtung des Seebades und dem damit verbundenem Besucherstrom konnte er sein Ziel verwirklichen.

Bevor 1827-31 das Schloss im klassizistischen Stil um- und ausgebaut wurde, gestaltete der Gärtner Halliger den Garten 1810-25 zu einem der schönsten und größten Landschaftsparks in Mecklenburg-Vorpommern. Der Fürst selbst zeigte großes künstlerisches und botanisches Interesse und wirkte teilweise an den Planungen mit. Terrassen wurden planiert und eine weiche, hügelige Landschaft geschaffen. Man legte vor dem Schloss den Schwanenteich an, geschwungene Wege führten durch das Gelände. Solitär- und Gruppengehölze großer

in- und ausländischer Artenvielfalt bestimmten das Bild des Parks. Später wurde er durch zahlreiche architektonische Ergänzungen kunstvoll erweitert. Dazu zählen der Marstall (1821-24), die Orangerie (1824/1853), das Gärtnerhaus (1828/29), das Affenhaus (1830), das Fasanenhaus (1835), der Kursalon mit Tanz- und Spielsaal (1844-46), das Denkmal Wilhelm Maltes I. (1859) und das Mausoleum im frühgotischen Stil (1865). Außerdem wurde 1833 die Viehkoppel in einen 8 ha großen Tiergarten umgestaltet. 1891/92 baute man den Kursalon in die heutige Christuskirche um.

Nachdem das Schloss 1865 abbrannte, wurde es 1867-72 im Stil der Gründerzeit wieder aufgebaut. Noch bis Beginn des 20. Jh. war es gut erhalten und spiegelte sich mit seiner prächtigen und romantisch überwachsenen Treppen- und Pergolenanlage auf der ruhigen Wasseroberfläche wider. Es war optischer Mittel- und Anziehungspunkt für die Park- und Stadtanlage. Doch nach 1945 wurde es durch verschiedene städtische und öffentliche Einrichtungen genutzt und verfiel zunehmend. Aus ideologischen Gründen - unter dem Vorwand des schlechten bautechnischen Zustandes - hat man es 1962 gesprengt und abgetragen. Die Stadt- und Parkanlage blieb glücklicherweise bis in die heutige Zeit erhalten.

Was ist zu sehen: Der 75 ha große Park zu Putbus ist im Wesentlichen in der Gestalt erhalten, wie er im 19. Jh. entstanden war. Den Besucher erwartet zu jeder Jahreszeit der schönste Park auf Rügen. Beginnen wir einen Rundgang am Markt Putbus. Von hier führt uns eine Allee als erstes zur Christuskirche, die einige wertvolle Ausstattungsstücke (Altar, Kanzel, Bildnisse) besitzt. Außerdem ist hier eine ständige Ausstellung über die Putbusser Geschichte sehenswert. Ein Rundgang um den Schwaneteich zählt zweifellos zu den schönsten Wegen im Park. Hinter der Kirche öffnet sich plötzlich der Blick in weite Teile der Parklandschaft. Auf der gegenüberliegenden Uferseite befinden sich die Reste der Treppe, die zum einstigen Schloss gehörten. In der Hauptachse ist heute jedoch nur noch das Denkmal Wilhelm Maltes I. zu sehen, das dessen Frau Louise vom Bildhauer Friedrich Drake hat anfertigen und aufstellen lassen. Der Sockel ist mit vier Reliefs versehen, eines zeigt z. B. Baumeister K.F.Schinkel mit Maler Kolbe und Bildhauer Thorwaldsen vor dem Jagdschloss Granitz. Weiter dem Weg um den Teich folgend, vorbei an dem „Gärtnerstein“ (zur Erinnerung an Garteninspektor Carl Günther 1891-1938), schweifen die Blicke über die sanft steigenden Anhöhen mit wechselndem Baumbestand. Auf der Kuppe befindet sich ein offener Rundtempel aus Granit, das Mahnmal für die Opfer des I. Weltkrieges. Auf der Südseite des Teichs gelangen wir an die roten Backsteinmauerreste des ehemaligen Vogelhauses. Im letzten Jahrhundert als Fasanenhaus dienend wurde das ehemals zweistöckige Gebäude noch bis in die 1950er Jahre als Wohnhaus genutzt, bevor es verfiel. Anders das Affenhaus. Ein Stückchen weiter steht das renovierte, mit einem Wintergarten versehene Haus, in dem ursprünglich Affen und Meerkatzen gehalten wurden. Heute beherbergt es neben einem kleinen Café auch das Putbusser Puppenmuseum. Entlang der beeindruckenden alten Kastanienallee erblicken wir linkerhand den rekonstruierten Marstall. Der zweigeschossige Innenraum ist in mehrere Bereiche gegliedert. Im Sommer findet hier das Putbus Festival statt, welches sich in den letzten Jahren einen festen Platz in Rügens Kulturleben erworben hat. Hinter dem Marstall entdecken wir in der Ferne schon die Orangerie. Vorbei an dem Brunnen und dem Fürstendenkmal, ein Blick zurück auf die leere, weite Wiese des ehemaligen Schlossstandorts, gehen wir den Hügel hinauf zu dem von Rundbogenarkaden geschmückten Gebäude. Hier finden regelmäßig Kunstaustellungen statt. Weiter auf dem Weg in den östlichen Parkbereich steht das Mausoleum. Das frühgotische Gebäude ist die letzte Ruhestätte der zwischen 1867 und 1934 verstorbenen Putbusser Fürsten und wurde 1992 teilweise rekonstruiert. Überqueren wir nun die Kastanienallee, kommen wir in den älteren, östlich gelegenen Parkbereich. In der Nähe des Circus befindet sich das Gartenhaus, das zahlreichen prominenten Gästen des Fürsten als Herberge diente, so z. B. Fürst Otto v. Bismarck, an den in der Nähe auch der Bismarckstein erinnert. Die Dreikönigstreppe, die vom Gebäude in den Garten führt, erhielt ihren Namen beim Besuch der drei Könige von Preußen,

Sachsen und Schweden 1846. 1913 bis 1926 wohnte die Fürstin Löwenstein in diesem Haus. Aus dieser Zeit stammt auch die Bezeichnung Villa Löwenstein. Dieser östliche, ruhigere Parkbereich hat ein eigenes Flair, besticht durch besonders sorgsam ausgewählte Artenvielfalt in der Bepflanzung. Kleine Plätze, Pergolen und Steinbänke schaffen eine romantische Atmosphäre. Blickachsen reichen bei optimaler Wetterlage weit in die Umgebung und bis in den Greifswalder Bodden.

Besondere Pflanzen: Im gesamten Parkbereich sind dendrologisch wertvolle einheimische und ausländische Gehölzarten zu finden. Besonderheiten - wie der Mammutbaum, Sumpfzypresse, Tulpenbaum, Mandschurischer Korkbaum, Kaukasische Flügelnuss und der Ginkgo - sind vorrangig als Solitärgehölze zur gestalterischen Akzentuierung gepflanzt worden.

Im Frühjahr ist die einzigartige weiße Bärlauchwiese sehenwert. Der Bärlauch (Allium ursinum) hat sich über Jahre selbst vermehrt und hinterlässt heute mit seinem Duft einen unvergesslichen Ein-

druck. Die Blätter sind essbar. Auch einige prächtige Alleen, die noch aus der Barockzeit stammen und den Park ursprünglich nach außen abgrenzten, sind erwähnenswert.

Kinder: Das Puppenmuseum in der ehemaligen Orangerie ist ein Erlebnis.

Gastronomie: Orangerie-Café
Ristorante „Roma" im ehemaligen Gärtnerhaus
Restaurant/Café „Am Circus", Circus 12

Tipp: Die Fahrt mit der nostalgischen Rügenschen Dampfeisenbahn „Der Rasende Roland" (bis Putbus) bleibt nicht nur Eisenbahn-Fans in Erinnerung; Infos unter Tel. 03 83 01/80 10.

Veranstaltungen: Das Putbus Festival (auch als Rossini Festival bekannt) hat in den letzten Jahren eigenes Profil entwickelt. Im Ort findet sich das einzige Theater auf Rügen mit anspruchsvollem Programm. Kirchenkonzerte finden im Marstall statt.
Die Galerie in der Orangerie bietet ein vielfältiges Angebot. Eine Töpfer-Schauwerkstatt in der Orangerie ist geplant. Der Putbus Sommer, die Putbusser Malschule und das Puppenmuseum ergänzen das reiche Angebot. Infos erhält man in der Putbus-Information.

Bewertung: Stadt-, Schloss- und Parkanlage sind einzigartige Zeugnisse der Gartenkultur und der klassizistischen Architektur des 19. Jh. Es ist einer der schönsten, abwechslungsreichsten und am aufwendigsten gestalteten Landschaftsparks in Mecklenburg-Vorpommern, der jederzeit einen Besuch wert ist.

In der Umgebung: Ein äußerst beliebtes Ausflugsziel ist das durch alte Alleen - Richtung Binz, per Bus von Lancken aus oder per Parkbahn vom Parkplatz - anfahrbare Jagdschloss Granitz, welches malerisch über den Baumkronen auf dem 107 m hohen Tempelberg thront. Weithin sichtbar ist das zweigeschossige Backsteinschloss mit seinen vier Ecktürmen und dem 38 m hohen Mittelturm. Frisch renoviert erstrahlt es in neuem Glanz. Innen befindet sich ein Museum, im Keller die Erlebnisgastronomie "Alte Schnapsbrennerei". Am Fuße gibt es für die Wanderer holzkohlengegrillte Würstchen und kleine Leckereien.

Landschaftspark Raben-Steinfeld

19065 Raben-Steinfeld

Anreise:
A 241/B 321, Ausfahrt Schwerin-Süd; das Schloss liegt, von Schwerin aus kommend, links im Ort.

Zur Geschichte: Auf den steinigen Feldern einer Endmoränenlandschaft entwickelte sich im 17. Jahrhundert aus dem Bauerndorf Steinfeld ein mecklenburgisches Gutsdorf. Es war bis 1683 im Besitz der Familie von Raven bzw. von Raben. Nach mehreren Wechseln ging das Gut 1847 an den Großherzog Friedrich Franz II. Es wurde sein Sommersitz, da es in der Nähe der Residenzstadt Schwerin günstig gelegen war. Schon sieben Jahre zuvor ließ er hier ein Gestüt einrichten – u. a. wurden hier trainierte Pferde auf der Galopprennbahn in Bad Doberan eingesetzt.

Die Parkanlage wurde ab 1851 im landschaftlichen Stil gestaltet. Ausführender war Hofgärtner Theodor Klett, der nach Vorstellungen von Peter Josef Lenné arbeitete. So entstand eine Anlage, die in das natürliche Relief am Steilufer über dem Schweriner See eingefügt wurde und die über Sichtachsen weite Blicke in die umgebende Landschaft ermöglichte. Der zu der Zeit moderne Tudorstil und gute Kontakte zum englischen Hof beeinflussten zudem die äußere Gestalt mehrerer Doppelhäuser im englischen Landhausstil, die in den 1860er Jahren im Ort entstanden. Sehenswert sind noch heute die Giebelornamente.

Unter Friedrich Franz III. wurde 1886/87 ein Schloss im Neorenaissancestil in den Park gebaut. Der Entwurf stammte ebenso wie die Pläne zu sieben Gewächshäusern von Herbert Willebrand.

Bereits lange zuvor wurde im 17. Jahrhundert in den Wäldern um Raben-Steinfeld eine Glashütte errichtet. Ihr Betrieb verbrauchte, wie zuvor schon eine Köhlerei, viel Holz. Folge war der Beginn einer planmäßigen Forstwirtschaft, die schon sehr früh nach den noch heute gültigen Prinzipien von naturnaher Bewirtschaftung arbeitete. Ein Musterrevier mit standortgerechten Baumarten entstand. Auch in den Park wurden viele verschiedene Baumarten gesetzt. Von 1945 bis 1995 wurde Raben-Steinfeld Ausbildungsort für Förster. Sitz der Stätte war unter anderem das Schloss, wo der Park als Schaugarten genutzt und ausgestaltet wurde.

Was ist zu sehen: Am äußeren Baltischen Endmoränenrücken zwischen dem Schweriner und dem Pinnower See liegt das geschichtsreiche Raben-Steinfeld mit seinem Schloss und dem dazugehörigen Park. Er hat sich, nicht zuletzt durch lange fachbezogene Nutzung, in einem recht guten Zustand bis heute erhalten. Ausgangspunkt ist das hübsche Rotklinker-Schloss, welches mit selbstklimmendem Wein bewachsen ist. Auf dem Rasen vor dem Schloss finden sich eine Metasequoia und eine Kastanie. Entlang den zum Teil erhaltenen Parkwegen, wo heute noch viele der seltenen Gehölze mit Namen beschildert sind, gelangt man zu großen, heute ungemähten Wiesen. Von hier aus hat man einen guten Überblick über das leicht abfallende Gelände. Im Unterholz stehen mit Flieder, Falschem Jasmin und der Schneebeere viele beliebte und parktypische Sträucher aus der Anlagezeit. Sehenswert sind auch einige Bäume: so zum Beispiel eine waagerecht gewachsene Esche, aus deren Stamm eine Rotbuche erwächst, und mehrere knorrige Eichen. Höhepunkt im Park ist ein erhöht gelegener, aus Findlingen gestalteter Aussichtspunkt mit - leider zum Teil zugewachsenem - Ausblick über den See.

Bewertung: Ein zur Zeit fast vergessener Park, der es verdient, einen dauerhaft guten Betreuer zu finden.

In der Umgebung: Erforschenswert sind die alten Landwege nach Langen Brütz, Görslow und Godern sowie einige bäuerliche Hufengrenzen. Diese werden durch einige zum Teil über 600 Jahre alte, knorrige Eichen markiert.

Landschaftspark Ralswiek / Rügen

Am Bodden
18528 Ralswiek/Rügen

Anreise: 5 km nördlich von Bergen/Rügen; von der B 96 links ab nach Ralswiek

Zur Geschichte: Das so genannte „Alte Gutshaus" liegt in der Nähe einer Bucht am Jasmunder Bodden. Der südliche Teil wurde um 1890 anstelle eines Wohnhauses aus dem 16. Jh. errichtet. Der nördliche Anbau blieb seit 1665 erhalten.
Graf Hugo Sholto Douglas ließ sich auf einer Anhöhe in den Jahren 1893/94 nach Plänen G.Strohs (Berlin) das „Neue Schloss" im Stil der Renaissanceschlösser an der Loire errichten. Der von zwei Ecktürmen geprägten Gartenfront ist ein Altan und eine breite Terrasse als Übergang in den Garten vorgelagert. Nach 1894 wurde der ursprünglich viel kleinere Gutspark unter Einbeziehung vorhandener Waldbestände stark erweitert und nach englischem Vorbild zu einem weitläufigen Landschaftspark umgestaltet. Weite Wiesenflächen wechselten mit wirkungsvoll gesetzten Gehölzgruppen und dendrologisch wertvollen Solitärgehölzen ab.
Nach 1945 wurden im „Alten Gutshaus" Wohnungen untergebracht. Das „Neue Schloss" diente als Altenheim und die letzten Jahre als Behindertenheim des DRK.

Was ist zu sehen: Der Park von Ralswiek hat sich bis heute weitgehend unverbaut erhalten. Durch ein steinernes Portal gelangt man vom Parkplatz in den landschaftlich gestalteten Park, der sich rechts der Schlosszufahrt erstreckt. Im unteren Bereich nahe dem Eingang, einem eigenen Parkbereich, findet der Besucher eine gut gepflegte Anlage mit vielen dendrologischen Besonderheiten und Rasenflächen vor. Die Mehrheit der vor ca. 120 Jahren gepflanzten Bäume ist mit Namensschildern bezeichnet. Unbedingt erwähnenswert sind eine mächtige Säuleneiche (!), ein Tulpenbaum, Esskastanien, eine Geschlitztblättrige Rotbuche sowie eine in dieser Größe sehr seltene Pyramiden-Rotbuche. Der Weg sollte nun über die hohe Hangkante führen, von der aus man in den zweiten Parkbereich gelangt. Ein großzügiger Park, der auf der Anhöhe das mächtige Schloss präsentiert. Von dort fällt das Gelände stark zum Ufer des Jasmunder Bodden ab. Hier finden im Sommer auf der Seebühne die Störtebecker-Festspiele statt. Der Blick gleitet über großzügige Wiesen in stark bewegtem Gelände und wird durch geschickt gesetzte Waldstreifen und Baumgruppen geleitet. Hervorzuheben ist eine große Gruppe aus immergrünen Nadelgehölzen, in der die Colorado-Tanne, Douglasien, Weihmutskiefern und weitere schöne Exemplare eine prachtvolle Kulisse bilden.

Wissenswertes: Klaus Störtebeker hieß ursprünglich K. Alkun und war ein einfacher Bauernsohn. Als er von seinem Herrn floh, wurde er von der Seeräubergemeinschaft um Goedeke Michel nach einer Kraftprobe (er soll ein Eisen mit bloßen Händen verbogen haben) aufgenommen. Seine Trinkfestigkeit gab ihm den Namen Störtebeker („Stürz den Becher"). Zahlreiche Legenden ranken sich um den „Robin Hood der Meere". Schließlich wurde er von der Hamburger Flotte besiegt und in Hamburg hingerichtet. Auf der Freilichtbühne in Ralswiek werden jährlich neue Geschichten um den Seeräuber auf der Grundlage historisch verbürgter Hintergründe gespielt.

Gastronomie: Gaststätte/Pension „Zum Schlosspark"; im Sommer Kioske

Veranstaltungen: Auf einer der größten Freilichtbühnen Europas mit ca. 10.000 Plätzen direkt am Ufer des Boddens, der in das Geschehen einbezogen wird, finden im Park die Störtebeker-Festspiele statt, Tel. 038 38/31 10 70 oder 31 31 92.

Bewertung: Landschaftspark mit zwei unterschiedlichen Bereichen. Hoffentlich beleben sich die Schlossanlagen bald wieder. Die Festspiele sind immer unterhaltsam.

In der Umgebung: Am Ortseingang nach Ralswiek sollte man unbedingt die hübsche rote Kirche beachten, die sich in untypischer Weise an einen Hang schmiegt. Richtung Sassnitz steht rechts der Landstraße auf einer Anhöhe im Ort Lietzow das gleichnamige Schloss. Es ist eine Nachbildung der Burg Lichtenstein südlich von Reutlingen und wurde 1868 erbaut.

Etwa 8 km südlich von Ralswiek liegt das seit dem 15. Jh. existierende Gut Klein Kubbelkow. Der barocke Park wurde um 1820 um einen Landschaftspark erweitert. Die Besonderheit liegt darin, dass barocke und landschaftliche Parkbereiche nebeneinander unverändert erhalten geblieben sind. Leider ist von den aufwendigen Rekonstruktionen der 1980er Jahre kaum noch etwas zu sehen. Durch mangelnde Pflege verwilderte die Anlage in den letzten Jahren zunehmend.

Landesgestüt Redefin

19230 Redefin
Lkr. Ludwigslust
Tel. 03 88 54/62 00
Fax 03 88 54/620 11
E-Mail
Landgestuet.Redefin@t-online.dea

Öffnungszeiten:
Mo-Fr 8.30-12 Uhr,
14-16.30 Uhr

Anreise: an der B 5 zwischen Ludwigslust und Hagenow

Führungen: nach Vereinbarung

Zur Geschichte: Bis ins 14. Jahrhundert kann die Pferdezucht in Mecklenburg zurückverfolgt werden. In Redefin sind Pferdezüchtungen bis 1710 nachzuweisen. Im Jahr 1812 wurde aus dem bestehenden Hauptgestüt das Landesgestüt durch den Herzog Friedrich Franz I. von Mecklenburg-Schwerin eingerichtet. Der Sinn war es, eine Einrichtung „zum Zwecke der Verbesserung der Pferdezucht" zu schaffen. Da die vorhandenen Anlagen für den Oberstallmeister Joachim von Bülow nicht mehr ausreichten, wurden neue geplant. Die heute zu sehenden Gebäude stammen aus der Feder von Oberlandbaumeister Carl Heinrich Wünsch und wurden von 1819 bis 1823 im klassizistischen Stil errichtet. Die Rasse der „Mecklenburger" wurde zu einem europäischen Spitzenpferd. Die erste Galopprennbahn des europäischen Festlandes wurde 1822 in Bad Doberan eröffnet. Unter Stallmeister Frhr. von Stenglin wurde 1901 der Vorläufer der Hengstparaden eingeführt. Züchter wurden nach Redefin eingeladen und bekamen Hengste und ihre Nachkommen vorgeführt. Nach finanziellen Krisen wurde ab 1933 mehr Geld zur Verfügung gestellt. Unter Hans Köhler fand 1935 nach Celler Vorbild die regelmäßige Hengstparade statt. Im II. Weltkrieg dienten hohe Bedeckungszahlen der Versorgung der Landwirtschaft und Armee. 1945 wurden 130 Pferde nach Russland abtransportiert. Ab 1951 wurde Redefin zum „Volkseigenen Gestüt". Zucht und Pferdeexport gegen Devisen waren Aufgaben der nächsten Jahrzehnte. Das Gestüt rettete sich über die Jahre, bis es im Juli 1990 wieder Landesgestüt Redefin heißen durfte. Nach weiteren ungewissen Zeiten übernahm das Land Mecklenburg-Vorpommern wieder die Herrschaft. 1998 konnte, unterstützt durch den 1995 gegründeten Förderkreis Landesgestüt Redefin e. V., eine neue Reithalle hinter dem historischen Portal eröffnet werden.

Was ist zu sehen: Durch eine alte Allee aus Kastanienbäumen gelangt man zur Gutsanlage Redefin. Hinter dem weißen Zaun beginnt das vornehm zurückhaltende und zeitlos erscheinende „Herzstück" der Anlage: ein großer, langgestreckter, sym-

metrisch angelegter Hof, der von weiß verputzten Fassaden der Stall-, Wohn- und Verwaltungsgebäude gefasst wird. Am Kopf steht die klassizistische Fassade der jetzt neuen Reithalle. Mittig, symmetrisch auf zwei Häuschen ausgerichtet, liegt die von Buchenhecken eingefasste Pferdetränke. Die flach geschnittene Unterpflanzung von Sträuchern auf dem Vorplatz sind Heckenkirschen, Lonicera xylosteum. Umgeben wird das größte unverändert erhaltene klassizistische Ensemble Norddeutschlands von einer etwa 50 ha großen Parklandschaft. Im Park konnten bisher ca. 2000 Rhododendronbüsche neu gepflanzt werden. Sie sind Ende Mai und Anfang Juni in Blüte unter altem Baumbestand zu bewundern. Ziel der weiteren Parksanierung ist die Wiederherstellung der ursprünglichen Schönheit. Dazu bedarf es noch vieler Arbeit durch die ABM-Kolonnen. Geplant sind die Entschlammung des Teichsystems, das Durchforsten des Waldes, das Herstellen des Eiskellers, Sanierung des Wegenetzes und vieles mehr.

Tipp: Interessierte können hier wohnen und auf gestütseigenen Pferden Reiten lernen.

Veranstaltungen: Jedes Jahr an den vier Sonntagen im September finden die beliebten Hengstparaden mit Reit- und Dressurvorführungen statt. Laien wie professionelle Pferdehändler erfreuen sich an dem Spektakel.

Weitere Veranstaltungen sind das zur Sonnenwende im Juni stattfindende Fest des Förderkreises, die Stutenleistungsprüfung im Juni, „Picknick, Pferde, Promkonzerte“ im Juli, Fahrertage, Stationsprüfungen und die Junghengstkürung Anfang November. Tickets und genaue Termine sind unter Tel. 03 88 54/620 13 zu erfragen.

Bewertung: Das Landesgestüt Redefin ist aufgrund seiner Bedeutung und durch seinen kühlen Charme mit dem Panoramamotiv des Reithallenportals nicht nur für Pferdenarren ein stets attraktives Ausflugsziel. Spätestens die Paraden sind ein Spektakel für jedermann.

In der Umgebung: Einige Kilometer südwestlich liegt auf niedersächsischem Gebiet der Ort Stapel. Hier lohnt ein Besuch beim kleinen Dorfbäcker Schmidt (hinter dem Ortseingang von Neuhaus auf der linken Seite zu sehen). Dort wird in Holzöfen gebacken, was den Brötchen, Keksen und Blechkuchen ihren unverwechselbaren Geschmack verleiht.

Landschaftspark Remplin

17139 Remplin

Anreise:
Bus: 410 u. 400 nach Malchin und Teterow
Bahn: bis Malchin und Teterow
PKW: Der Park liegt unmittelbar an der B 104 zwischen Teterow und Malchin.

Behindertengerechte Anlage

Zur Geschichte: Seit 1405 hatte die Grafenfamilie Hahn alles Land um Remplin erworben. Die ehemals barocke Schlossanlage war Mitte des 19. Jahrhunderts durch Friedrich Hitzig in Formen der französischen Renaissance umgestaltet worden. Nach einem durch Brandstiftung verursachten Feuer 1940 blieb von der dreiflügeligen Anlage bis heute nur der verputzte zweigeschossige Nordflügel erhalten. Auf Befehl der NSDAP durfte die Feuerwehr nicht ausrücken.

Der 35 Hektar große Park wurde Mitte des 18. Jahrhunderts von holländischen Gärtnern angelegt. Er war einer der bedeutendsten Barockgärten in Mecklenburg. 1816 ging das Rempliner Gut an den Fürsten Georg Wilhelm von Schaumburg-Lippe, ab 1851 gehörte es Georg Herzog von Mecklenburg. In seinem Auftrag wurde der Garten nach Plänen P.J. Lennés ab 1860 in einen Landschaftspark umgestaltet. Er sah in seinem Entwurf den Erhalt aller Alleen und geraden Achsen vor. In die Flächen dazwischen gestaltete er geschwungene Wege, Baum- und Strauchgruppen sowie Wiesen mit Ausblicken in die Landschaft. Eine künstliche Grotte, Wasserläufe mit Holz- und Steinbrücken fügte er ein. Weite Teile des Parks wurden inzwischen durchforstet. Ziel der Gemeinde Remplin ist es, den Park und die Hahn'sche Sternwarte wiederherzustellen.

Was ist zu sehen: Mitten in der mecklenburgischen Schweiz findet sich das strenge Grundgerüst eines weitläufigen Parks. Geradlinig verlaufende Alleen deuten auf einen barocken Ursprung. Mächtige Kastanien mit einigen Eschen sowie Linden sind die hierin verwendeten Arten. Eine gar vierreihige Lindenallee in der zentralen Achse verbindet die Kirche mit der offenen Landschaft. Das ehemalige Parterre, heute leider ein Fußballplatz, wird wie früher an drei Seiten von Wasserkanälen umgeben. Zwei steinerne Brücken geleiten in den südlichen, heute landschaftlichen Bereich über. Eine klare Struktur ist hier jedoch nur schwer zu erkennen. Erfreulich ist der Erhalt von sehenswerten Einzelbäumen wie einigen Eichen, die einen besonders schönen, bronzefarbigen Laubaustrieb zeigen.

Am südlichen Ende der großen Querachse steht die Ruine der Sternwarte. Die gusseiserne Außentreppe stammt vom Ende des 18. Jahrhunderts.

Besondere Pflanzen: Im Mai finden sich in der Krautschicht die selten in Parks vorkommenden Doronicum pardalianches (Gemswurz) und der Braune Storchschnabel (Geranium phaeum).

Besondere Bauwerke: Westlich vom Park steht der 30 m hohe Torturm aus den Jahren um 1750.

Graf Friedrich II. von Hahn ließ 1793 die erste Sternwarte Mecklenburgs erbauen und diese bereits 1801 um einen Turm mit Drehkuppel ergänzen. 1859 teilweise abgebrochen, wurde sie 1945 von der sowjetischen Besatzungsmacht gesprengt.

Bewertung: Schön ist heute besonders der landschaftliche hintere Bereich. Hinfahren und ein eigenes Urteil bilden.

In der Umgebung: Bei Güstrow an der B 104/A 19, Güstrow, Richtung Teterow liegt das Schlosshotel mit seinem barocken Park in Vietgest. Die teilweise restaurierte Außenanlage mit großzügiger Terrasse verläuft über mehrere Stufen hinunter bis zu einem Teich. Landschaftliche Gestaltung findet sich um die zentralen Bereiche herum.

Botanischer Garten Rostock

Hamburger Str.28/
Doberaner Str.143
18051 Rostock
Tel./Fax 03 81/200 80 96

Öffnungszeiten: Freiland (Hamburger Str.28): 12.03.-30.11. Di-Do 7-15.45 Uhr, Fr 7-14 Uhr, Sa u. So 9-16 Uhr; Gewächshäuser (Doberaner Str.143): Mo-Do 10-12 Uhr u. 13-15 Uhr

Anreise: Freiland:
Bahn: S-Bahn R.-Holbein-Platz; Straßenbahn: 2, 6, 12, 82
PKW: E22 westlich der Altstadt

Gewächshäuser:
Bahn: S-Bahn R.-Holbein-Platz; Straßenbahn: 2 , 6, 12, 28
PKW: westlich der Altstadt, nahe Volkstheater

Führungen: in Gruppen von max. 15 Personen nach Voranmeldung, kostenlos

Behindertengerechte Anlage

Zur Geschichte: Bereits im 16. Jh. gab es in Rostock Arzneipflanzengärten sowie interessante Pflanzensammlungen von privater Hand. In der ersten Hälfte des 19. Jh. kämpften Botaniker der Universität Rostock erfolglos um einen Botanischen Garten, legten jedoch den pflanzlichen Grundstock für eine solche Anlage. Erst Karl von Goebel erreichte es, 1885 den Botanischen Garten der Universität Rostock mit festgelegten Aufgaben für Lehre und Forschung zu gründen. Nachdem es nicht gelang, das Gelände an der Doberaner Straße zu erweitern, konnten 1935-39 die Freiflächen an der Hamburger Straße dazugewonnen werden. Obwohl heute mitten in der Großstadt gelegen, ist hier eine Erweiterung nach wie vor möglich.

Was ist zu sehen: Mit dem Botanischen Garten hat Rostock eine sehr interessante Gartenanlage. Unter intensiver Pflege sind auf dem 7,8 ha großen Freigelände ca. 8000 kultivierte Sippen und 10 000 Pflanzenarten zu sehen. Für den norddeutschen Raum stellt das Alpinum, ein Gebirgs- und Steingarten, eine Besonderheit dar. Hier sind die Pflanzenarten der wichtigsten Berg- und Hochgebirgsregionen der Welt vertreten. Das Arboretum mit winterharten Bäumen und Sträuchern erstreckt sich über die gesamte Länge des Botanischen Gartens und zeigt, dass Gehölze zu jeder Jahreszeit attraktiv sind. Außerdem gibt es eine Systematische, eine Morphologisch-biologische Abteilung sowie eine Abteilung für geschützte und Heilpflanzen.

Ein weiteres Thema befasst sich mit heimischen Vegetationseinheiten wie Feuchtwiesen, Röhricht- und Wasserpflanzengesellschaften, Bruchwäldern, Hochmoor, Heide u.a.m. In Warm- und Kalthäusern ist eine Sammlung tropischer und subtropischer Arten, z.B. Bromelien, Orchideen, Farne, Sukkulenten, Wasser- und Nutzpflanzen, zu sehen. Sie alle können in unserer Region nicht im Freien überwintern. Mit der Internationalen Gartenbau Ausstellung (IGA) im Jahre 2003 in Rostock verbinden sich die Hoffnungen, dass im Zuge dieser Großveranstaltung zumindest ein Teil der dringend notwendigen und seit über 60 Jahren geplanten Erweiterung der Gewächshausanlage realisiert werden kann.

Wissenswertes: Rostock gehört zu den wenigen Botanischen Gärten in Deutschland, die eine pädagogische Einrichtung direkt angeschlossen haben und Pflanzenkenntnisse unmittelbar vor Ort am Objekt vermitteln können. Der Unterricht in der 1974 gegründeten Botanik-Schule findet überwiegend in Projektform und zu vegetationsgebundenen Themen statt.

Veranstaltungen: Jedes Jahr wird im Früsommer ein Blütenfest gefeiert. Immer am letzten September-Wochenende findet seit 1978 die Landes-Pilzausstellung statt. Neben der umfangreichen Präsentation frisch gesammelter Pilze sind Beratung und ein umfangreiches Programm rund um den Pilz (Quiz, Lehrpfad, Basar u.a.) Bestandteil der Veranstaltung.

Bewertung: Für Fachleute, Hobbygärtner und „einfache Spaziergänger" immer sehenswert und interessant.

IGA 2003 Rostock

Warnowallee, Groß-Kleiner-Damm
18106 Rostock-Schmarl und Groß Klein
Tel. 03 81/78 23 00
Fax 03 81/78 23 05

Anreise:
Bahn: S-Bahn Lütten Klein
Bus: 35, 38; zu Fuß durch Warnowallee zum Traditionsschiff
PKW: Der Park liegt östlich der B 103 nach Warnemünde.

Führungen: ab 2003

Behindertengerechte Anlage

IGA 2003
ROSTOCK

Zur Geschichte / Was ist zu sehen? IGA Rostock – eine neue Welt erblüht.
Traditionell wird alle 10 Jahre eine Internationale Gartenbauausstellung (IGA) nach Deutschland vergeben. Hamburg (3x), München und Stuttgart waren zuvor die Ausrichter. Nachdem die Veranstaltung für das Jahr 2003 schon an Dresden vergeben und der dortige Planungsstab weit fortgeschritten war, zog sich die sächsische Landeshauptstadt jedoch zurück. Mit der grundsätzlichen politischen Zustimmung, in Mecklenburg Gartenschauen zu veranstalten, bewarb sich Rostock und bekam den Zuschlag. Nun wurde in kurzer Zeit ein umfangreiches Projekt entwickelt. Die Idee ist, im Nordwesten der Stadt auf insgesamt 100 ha Fläche eine Gartenschau von wahrlich internationalem Anspruch entstehen zu lassen. Standort ist ein seit längerer Zeit brachliegendes Areal, das zwischen den 1970er und 1980er Jahren errichteten DDR-Neubaugebieten Schmarl und Groß Klein mit fast 100.000 Einwohnern liegt und das sich bis zur Warnow erstreckt. Schon in den 50er Jahren gab es hier Ideen für die Anlage eines Volksparks. Umgesetzt worden war jedoch nichts davon. Aus einem großen Ideen-Wettbewerb ging das Landschaftsarchitekturbüro Wehberg, Eppinger, Schmidtke (WES) zusammen mit den Architekten Gerkan, Marg und Partner, beide Büros aus Hamburg, 1997 als Sieger hervor. WES ist zudem auch als Generalplaner beauftragt worden. Die beplante Fläche teilt sich in drei Hauptbereiche ein:
1. Ein intensiv bebautes Gelände mit einer multifunktionalen Veranstaltungs- und Messehalle, mit Büros, Hotels, Gastronomie und Werkstätten.
2. Eine Parklandschaft, in die für die IGA von April bis Oktober 2003 die Schaugärten der Nationen, Themengärten und vielfältige Wechselbepflanzungen eingebaut werden.
3. Naturbelassener Bereich entlang alter Bachläufe, die renaturiert werden, einer Salzwiesenlandschaft mit Stegen, Aussichtsplattform und Wegen zu erleben.
Das Hauptthema resultiert aus der engen und bedeutenden Beziehung der Stadt zum Wasser. So

wird die Weltgartenbauausstellung in Rostock eine IGA am Meer. Ihre Widerspiegelung findet das in schwimmenden Gärten mit bepflanzten Pontons und in einer völlig umgestalteten Uferzone entlang der Warnow, die sowohl Promenaden als auch einen breiten, neu aufgespülten Strandabschnitt als Ruhezone haben wird. Hochwasserschutz sowie die Renaturierung der Bachlandschaft in ihrem Mündungsbereich vor dem Übergang zur Ostsee sind weitere Inhalte.

Ein weiterer Leitspruch der Veranstaltung heißt: Die IGA schlägt Brücken. Brücken zwischen den Stadtteilen, zwischen dem Zentrum von Rostock und Warnemünde sowie zwischen Deutschland und Skandinavien, welches durch zahlreiche Fährverbindungen eng mit Rostock verbunden ist.

Neben der IGA wird es bis 2003 eine weitere Großbaustelle geben. So soll bis zum Beginn der Gartenschau das Ost- und das Westufer der Warnow durch einen befahrbaren Tunnel verbunden sein. Den Eingriff in die Natur auszugleichen, ist eine weitere Herausforderung an die Gestalter der neuen Parklandschaft. Neben dem Erstellen von Lärmschutzwällen, Straßenumlegungen und Maßnahmen zum Hochwasserschutz für die Wohngebiete sind auch dies Projekte, die den Bürgern und Gästen der Stadt langfristig erhalten bleiben.

Im Jahr der Ausstellung wird es gegen Eintrittsgeld zudem hunderte von Sonderveranstaltungen wie Ausstellungen, Blumenschauen, Konzerte, Shows und Messen geben, kindgerechte Spielplätze werden eingerichtet. Konzepte für Behinderte werden gezeigt und umgesetzt. Kleingärtner, Profis und Ausflügler finden Anregungen oder einfach nur eine prächtige Kulisse für mehr als einen gelungenen Tagesausflug. Imbisse und Restaurants verwöhnen die Besucher und es gibt viele Verführungen, etwas für den eigenen Garten mit nach Hause zu nehmen.

Die IGA selbst dauert nur einen Sommer. 40 Nationen werden sich präsentiert haben. 4 Millionen Besucher aus aller Welt werden gekommen sein. Für die Stadt Rostock, wie für fast alle anderen Städte, in denen eine Gartenbauausstellung zuvor stattgefunden hat, wird der Nutzen der Veranstaltung jedoch länger anhalten. Dauerhaft gestaltete Grünflächen sowie ein Messe- und Veranstaltungszentrum bleiben den Bewohnern erhalten. Freizeiteinrichtungen entstehen und Millionen Menschen werden erstmals nach Rostock gereist sein und das Erlebte zu Hause berichten. Manche von ihnen kommen irgendwann einmal wieder. Mecklenburg-Vorpommern wird, als heute schon sehr beliebtes Urlaubsland, um eine Attraktion reicher sein.

Rostock wird nicht nur als eine Stadt am Meer, sondern auch als eine Metropole des Grünen in Erinnerung bleiben. Eine Chance, die es zu nutzen gilt und deren Flair man auch schon während der Bauarbeiten erahnen kann.

Lindenpark Rostock

Saarplatz, Friedhofsweg
18057 Rostock
Tel. 03 81/80 64-0
Fax 03 81/80 54-300

Anreise:
Straßenbahn/Bus: 1, 11, 24, 25, 84 Saarplatz
Bahn: S-Bahn Parkstraße
PKW: Der Park liegt südwestlich der Altstadt in Richtung Zoo und Satow

Behindertengerechte Anlage

Zur Geschichte: Im Jahr 1831 - zu einer Zeit, da Rostock 20.000 Einwohner hatte - war der „Neue Friedhof" durch den Pastor Raddatz eingeweiht worden. Er wurde nötig, da es bisher nur zwei kleine Höfe in der Stadt gab, die jedoch der aus Osteuropa herannahenden Cholerawelle nicht mehr gewachsen schienen. Sie waren nicht einmal abgrenzbar gewesen. Auch hygienische Gründe und neue wissenschaftliche Erkenntnisse mögen eine Rolle für einen Friedhof vor der Stadt gespielt haben. Gebaut wurde vor dem Kröpeliner Tor auf zunächst 5 ha Fläche. 1889, das Areal war inzwischen auf 13 ha vergrößert worden, wurde die Anlage von A. Lüders als ein großer „Friedenshain von seltener Schönheit" mit gepflegten Grabstätten und vielen architektonisch originellen Begräbniskapellen gelobt. Der Friedhof war durch Lindenalleen von jeweils über 300 m Länge sowie Queralleen aus Linden gegliedert. Die meisten Begräbnisse der Cholera, die im Jahr 1832 die Stadt Rostock heimsuchte, wurden zwischen der heutigen Birkenallee und einer Lindenallee durchgeführt. Die Umgestaltung in eine Parkanlage erfolgte 1981.

Was ist zu sehen: Schon seit langem wird der Lindenpark nicht mehr als Friedhof genutzt. Erhalten hat sich jedoch seine Fläche mit den rasterartig angelegten Wegen. Noch heute teilen die alten Linden, die zu schmalen Alleen gepflanzt wurden, den ehemaligen Friedhof in mehrere Quartiere auf. Da jedoch nahezu alle Flächen zwischen den Bäumen mit Sträuchern und weiteren, zumeist hohen Bäumen bewachsen sind, fehlen lichte Plätze und Orte, an denen man sich aufhalten könnte und möchte. Der Lindenpark ist deshalb heute eher ein belebter Durchgangs- und Spazierpark denn ein Ort der Harmonie. Einige alte Grabmale haben sich erhalten und stehen vereinzelt als romantische Zeugen der Vergangenheit. Daneben erinnern aufgeschossene, zumeist immergrüne Pflanzen wie Eiben, Thuja, Rhododendron, Scheinzypresse und Buchsbaum an die frühere Nutzung. An vielen Stellen sind verwilderte Frühlingsgeophyten wie Schneeglöckchen und Winterling zu entdecken.
Im hinteren, südwestlichen Eck findet sich ein beinahe komplett erhaltener jüdischer Friedhof. Von einem Zaun und einer Hecke aus schneeigen Berberitzen umgeben stehen die alten Grabsteine in Reihen aneinander.

Bewertung: Ein etwas düster-mystischer Park, für romantische Spaziergänge zu zweit oder mit Hund.

Schwanenteich Rostock

Hamburger Str., Linzer Straße
18069 Rostock
Tel. 03 81/80 64-0
Fax 03 81/80 64-300

Anreise:
Bahn: Straßenbahn 2, 12, 24, 25 Kunsthalle/Kuphalstraße; S-Bahn R.-Bramow
PKW: E 22 westlich der Altstadt

Behindertengerechte Anlage

Zur Geschichte: Auf dem Gelände einer ehemaligen Kleingartenanlage wurde 1937 unter der Leitung und Planung von Stadtgarteninspektor Alfred Jahr der erste Wohngebietspark gestaltet. Das kleine Bächlein Kolmbäk staute man zu einer Teichanlage an, weite Wiesenflächen und heimische Baumgruppen sollten die Mecklenburger Landschaft imitieren. Nach schweren Schäden im II. Weltkrieg wurde der Park 1960 nach Plänen von M. Jandtke und Ch. Jochmann rekonstruiert.

Was ist zu sehen: Ein bei den Rostocker Bürgern sehr beliebter Park erstreckt sich um den Schwanenteich. Die landschaftlich gestaltete Anlage wird zum Spazierengehen, Joggen, Spielen und im Sommer als Liegefläche genutzt. Auf den weiten, weich modellierten Rasenflächen findet jeder sein Plätzchen. Bäume bieten Schatten, Beete mit Stauden und Sommerblumen beleben das Bild und vermitteln einen gepflegten Eindruck. Nahe dem Teich blühen im April und Mai eine Reihe von Japanischen Kirschen an einem kleinen Japanischen Steingarten. Er wurde 1990 eingeweiht und von dem Kyoter Gartenarchitekten Toemon Sano gestiftet. Im Park finden sich drei Statuen, der „Eselreiter", die „Turnende" und „Knaben". Sie wurde 1969 aus Anlass des Museumsneubaus aufgestellt. An der Linzer Straße sind für Kinder neben einem Bolzplatz auch mehrere gute Spielgeräte vorhanden.

Besondere Bauwerke: Mit der kastenförmigen Kunsthalle steht ein markantes Gebäude an der Hamburger Straße. Sie ist der erste der wenigen Museumsneubauten aus DDR-Zeiten und entstand zwischen 1967-69.

Kinder: Gute Spielmöglichkeiten sind gegeben.

Bewertung: Die Anlagen um den Schwanenteich sind gute und sinnvoll nutzbare Einrichtungen für die Besucher aus dem nahen Rostocker Stadtgebiet.

Wallanlagen und Rosengarten Rostock

August-Bebel-Straße, Wallstraße
18055 Rostock
Tel. 03 81/80 64-0
Fax 03 81/80 64-300

Anreise:
Straßenbahn/Bus: 1, 4, 11, 12
Steintor/Kröpeliner Tor
Bahn: Hbf., wenige Minuten zu Fuß
PKW: im Zentrum der Altstadt

Behindertengerechte Anlage

Zur Geschichte: Ein wichtiges Zeugnis längst vergangener Zeiten sind die Reste der Wallanlagen. Nach der Zusammenlegung mehrerer kleiner Teilstädte wurde um 1270 unter Ausnutzung vorhandener Mauerabschnitte eine einheitliche Stadtbefestigung errichtet. Im Laufe der folgenden Jahrhunderte musste sie mehrfach verstärkt und ausgebaut werden, besonders im 17. Jahrhundert wurde die Anlage um Bastionen und Wälle erweitert. In ihrer Ausdehnung bestanden die Wallanlagen aus einer über 3 km langen Mauer mit vielen Türmen, Wiekhäusern und 22 Toren. Zudem war die Stadt von einem breiten Wasserarm der Warnow umgeben. Nach 1830, als solche Stadtbefestigungen durch modernere Kriegstechniken an Bedeutung verloren, setzte der Verfall ein. Zum großen Teil sind Mauern und Türme sogar abgetragen worden. Nach der Gründung des Rostocker Verschönerungsvereins im Jahr 1836 wurden die vorhandenen Anlagen gestaltet. Eine Gliederung in Ober-, Mittel- und Unterwall erfolgte. Heute sind noch vier Tore und ein Mauerturm erhalten und in die als städtische Grünanlage fungierende Fläche integriert. Der Rosengarten wurde 1857 nach Plänen von Gartendirektor Joachim Wilcken angelegt.

Was ist zu sehen: An dem stark unterschiedlichen Höhenniveau der Wälle (Unterschiede ca. 30 m) lässt sich erkennen, wie das spätmittelalterliche Rostock versuchte, sich gegen Angreifer zu wehren. Wege verlaufen sowohl unten „im Graben" im Unterwall als auch auf dem Oberwall. Von oben hat man einen guten Blick über die Altstadt. Hier führt der Weg entlang den heute zum Teil eingeschütteten Resten der mit Felssteinen errichteten Stadtmauer aus dem Ende des 13. Jahrhundert zum Kröpeliner Tor mit seinem Museum. Die Renovierung der Stadtmauer erfolgte ab 1979. Bänke, Plastiken und kleinere Blumenpflanzungen laden zum Entspannen ein. Zur Stadt gibt es Durchlässe in der Mauer. Einer führt in den Klostergarten hinein. Im Wallgraben schaffen Wasser, Stauden und der Schatten vom hohen Wall eine entspannte Atmosphäre. Im Mittelwall liegen ein Spielplatz und Liegewiesen. Der Aufstieg zur Fischerbastion mit Blick über

den Stadthafen ist zu empfehlen. In Verlängerung der Wallanlagen, über die Schwaansche Straße hinweg, liegt der Rosengarten. Die langgestreckte, ebene Anlage führt bis zum Steintor. Eingefasst von alten Lindenalleen und kleinen Mahonien erblühen hier im Sommer bunte moderne Rosen, die um rechteckige Rasenflächen gestaltet sind. Weiße Bänke laden zum Entspannen vom Einkauf ein. Zwischen Wall und Rosengarten finden sich der Brunnen von 1922 mit der Figur der „Trinkenden" von Victor Seifert, Berlin, und ein Obelisk zum Gedenken der Gefallenen des Deutsch-Französischen Krieges 1870/71. Weitere Reste der ehemaligen Stadtmauer haben sich in Verlängerung der Wallstraße und im Osten der Altstadt, parallel zur Lohbergstraße und Am Strande, erhalten.

Bewertung: Bei den Wallanlagen und dem Rosengarten handelt es sich um geschichtlich bedeutende, sehens- und besuchenswerte Anlagen nahe der Innenstadt.

In der Umgebung: Der Schwaanschen Straße bis ins Zentrum folgend, gelangt man auf den belebten Universitätsplatz mit dem 1980 von den Rostockern J. Astram und R. Dietrich geschaffenen Brunnen der Lebensfreude. Wasser und bewegte Bronzefiguren machen ihn nicht nur bei Kindern beliebt.

Zoologischer Garten Rostock

Rennbahnallee 21
18059 Rostock
Tel. 03 81/208 20
Fax 03 81/493 44 00

http://www.zoo-rostock.de
E-Mail post@zoo-rostock.de

Öffnungszeiten: tägl. 9-19 Uhr
(Kassenschluss 17 Uhr)
Eintritt: Erw. DM 9,-/
Erm. DM 7,-/Kinder DM 5,-

Anreise:
Bus: 39
Straßenbahn: 11
PKW: Ausschilderung in der ganzen Stadt

Führungen:
Mai-Okt. jeden ersten und zweiten So im Monat (10 Uhr) sonst nach Voranmeldung

Behindertengerechte Anlage

Zur Geschichte: Eine ungewöhnliche Entstehungsgeschichte für einen Zoo findet sich in Rostock. Der Förster Robert Schramm legte 1880 in Barnstorf (bei Rostock) einen kleinen Botanischen Garten an. Schritt für Schritt pflanzte er anstelle der einheitlichen Kiefernbestände Eichen und Buchen. Schließlich begann er im Bereich des heutigen Ententeiches vereinzelt seltenere Gehölze zu setzen, so dass das Areal langsam einen parkähnlichen Charakter annahm. Die vor den Toren der Stadt gelegene Anlage erfreute sich schnell zunehmender Beliebtheit, einschließlich dem seit 1839 bestehenden Ausschank „Trotzenburg". So legte Schramm 1899 einen ersten „Hirschgarten" an, der in den folgenden Jahren aufgrund des wachsenden Besucherstroms um zusätzliche Tiergehege erweitert wurde. 1910 umfasste der „Wild- und Dendrologische Garten" mehrere Tierhäuser und Gehege sowie zahlreiche interessante Pflanzungen. Während des I. Weltkrieges und der Folgezeit schrumpften die Bestände jedoch auf ein Minimum. Im II. Weltkrieg wurde die Anlage vollständig zerstört. Erst in den 1950er Jahren begann Arno Lehmann unter Mithilfe der Bevölkerung in ehrenamtlicher Tätigkeit und einigen Tier-Schenkungen mit dem Wiederaufbau. 1952 konnte der „Zoologische Garten Rostock" eröffnet werden. In kürzester Zeit entwickelte er sich zu einem modernen Tiergarten mit Tieren aus aller Welt. Ein Zoo, der aus einem Botanischen Garten entstanden ist!

Was ist zu sehen: Ein vielseitiges Erlebnis wird der Besuch des Rostocker Zoologischen Gartens werden, denn der Name ist Programm und die Anlagen sind auch optisch sehr ansprechend gestaltet. Ein Team von Pflegern hält sie zudem in bestem Zustand. Schwerpunkt sind jedoch die 1700 Tiere, die in 360 Arten hier beheimatet sind. Sie sind, ihren natürlichen Ansprüchen entsprechend, in zumeist großzügigen Freigehegen untergebracht. Ein geführter Rundweg erfasst sie alle. Viele werden gemäß der Hagenbeck-Philosophie wie auf einer Schaubühne präsentiert. Manche der Gehege sind der natürlichen Umgebung der Tiere entsprechend gestaltet. So finden sich künstliche Felsland-

schaften ebenso wie Teiche, Wiesen, ein Aquarium, Steppen und vieles mehr. Der Ursprung der Anlage als Park bleibt dem Besucher immer deutlich. Besonders nahe dem Eisbärengehege werden die Tiere zum Rahmen für bewegte Landschaftsbilder aus malerischen Bäumen, einem bunten Dahliengarten, dem Rhododendrontal mit alten Büschen sowie viel modelliertem Gelände. Ein weites Wegenetz leitet durch den Zoo hindurch. Überall finden sich Bänke und Möglichkeiten, sich mit einem Imbiss zu stärken.

Besondere Pflanzen: Eine Allee aus Säuleneichen führt auf das Eisbärengehege zu. Ein saisonaler Höhepunkt ist die Blüte der alten Rhododendronbüsche, die Ende Mai bis Anfang Juni unter lichten, alten Kiefern zu erleben ist. Das Dahlienquartier wurde erstmals 1931 mit den bunten Spätsommerblühern bepflanzt. 1988 wurde es nach historischen Plänen rekonstruiert und erscheint seit 1996 jährlich in seiner alten Pracht.
Die Anlage des Arboretums und der Eichenallee mit sehenswerten, zum Teil sehr seltenen und gut gewachsenen Bäumen (z. B. Thuja plicata, Zeder, Spindeleiche, Moorbirke, gewaltige Tannen) datiert aus dem Jahr 1910. Die meisten Arten sind mit Namen beschildert, so dass man das eigene Wissen schnell erweitern kann.

Kinder: Kleine und größere Spielplätze für jüngere und ältere Kinder sind über den gesamten Park verteilt. Lehr- und Schautafeln sowie eine interessante Zooschule vermitteln wissenswerte Hintergründe. Pfade mit Themen wie „Auf leisen Sohlen" und Streichelgehege lassen einen Besuch unvergessen werden.

Veranstaltungen: Ein täglich mehrfach zu beobachtendes Spektakel bieten die Fütterungen von Pinguinen, Seebären, Kodiak-Bären, Kegelrobben, Eisbären und Elefanten; Mi u. So 14 Uhr Greifvogelfliegen.

Bewertung: Mehrmals besuchen!

Burggarten Schwerin

Schlossstraße
19048 Schwerin
Schwerin-Information:
Tel. 03 85/592 52 22
Fax 03 85/56 27 39

Anreise: Die Anlagen am Burg- und Schlossgarten liegen im Zentrum Schwerins. Das Schloss ist ausgeschildert.

Behindertengerechte Anlage

Zur Geschichte: Im Jahre 1160 eroberte und zerstörte Heinrich der Löwe die einstige slawische Burg auf der kleinen Insel zwischen dem Schweriner und dem Burgsee. In der Folgezeit ließ er jedoch eine neue bauen und gründete hier die Stadt Schwerin. 1358 kauften mecklenburgische Fürsten die Insel und behielten sie über 500 Jahre in ihrem Besitz. Doch einen Aufschwung sollte die Stadt erst im 16. Jh. erleben. Im Zuge der allgemeinen Bautätigkeit wurde auch die Burg zum Schloss im Stil der Renaissance ausgebaut und die Insel mit Bastionen und Wällen befestigt. In dieser Zeit entstanden z. B. die Fassadengestaltung mit Terrakottaplatten und die Schlosskirche von J.B. Parr nach Vorbildern aus Dresden und Torgau. Auch die Anlage zweier kleiner Gartenbereiche mit bepflanzten Quartieren und geometrisch angelegten Beeten auf dem schmalen Uferstreifen um das Schloss herum ist überliefert. Im 17. und 18. Jh. wurde zwar das Schlossareal erweitert und ein Garten auf dem angrenzenden Festland angelegt, aber auf der Insel fanden weder am Schloss noch am Burggarten nennenswerte Veränderungen statt. Erst Mitte des 19. Jh., nachdem die Fürsten ihren Sitz von Ludwigslust wieder nach Schwerin verlegt hatten, begannen bedeutende Veränderungen. Zunächst wurde das Schloss zu dem märchenhaften, fünfflügeligen Gebäude mit zahlreichen Türmen und Verzierungen im Stil der norddeutschen Neoterrakotta-Renaissance umgebaut, wie wir es heute erleben. Die Architekten Demmler und Willebrand wurden nach mehreren abgelehnten Entwürfen zur eigenen Inspiration auf Studienreisen nach England und Frankreich geschickt. In diesem Zuge wurden auch alle Gartenanlagen umgestaltet. Der Burggarten wurde nach Anregungen und Plänen von P.J. Lenné und Gottfried Semper vom Hofgärtnermeister Theodor Klett umgestaltet. Sowohl zahlreiche Hilfs- und Bedienstetengebäude als auch der alte Renaissancegarten wurden beseitigt. Das Gelände wurde im landschaftlichen Stil mit geschwungener Wegeführung, einer Grotte und Orangerie komplett neu angelegt und bis heute nicht wesentlich verändert. Lediglich der Zahn der Zeit hat seine Spuren hinterlassen.

Nachdem ein großer Teil des Schlosses 1913 ausbrannte, wurde es renoviert, kam 1918 in Besitz des Freistaats Mecklenburg-Schwerin, wurde in ein Museum umgewandelt und überstand den II. Weltkrieg glücklicherweise unbeschadet. Nach 1945 als Pädagogische Fachschule, Museum, Galerie und von der Philharmonie genutzt, sind seit 1974 wieder einige Räume als Museum öffentlich zugänglich. Neben Gemälden, Möbeln, Büsten u.a. zeigen sie die zweitgrößte Sammlung Meißner Porzellans (nach Dresden). 1990 bezog der Landtag Mecklenburg-Vorpommerns die Räume der ehemals herrschenden Fürsten. Umfangreichere Renovierungsarbeiten an Schloss und Garten begannen.

Was ist zu sehen: Die ungewöhnliche Lage auf einer Insel zeichnet den Garten vor anderen Anlagen aus. Ringförmig umschließt er das Schloss und integriert weite Uferbereiche. Die landschaftliche Weite des Sees nimmt dem begrenzten Areal die Enge und schafft unterschiedlichste Stimmungsbilder. Die ständige Präsenz des Wassers und doch immer wechselnde Ausblicke auf die Stadt, in den Park und in die Landschaft machen den besonderen Reiz der Anlage aus. Freie Rasenflächen, Gehölzanpflanzungen seltener Arten, die romantisch anmutende, rekonstruierte Grotte mit groben Findlingen oder die genial angeordnete Orangerie schaffen die für Lenné typische Abwechslung. Die leider noch nicht wiederhergestellte Orangerie schuf einst den gelungenen Übergang vom Schloss in den Garten und zum Uferbereich. Durch ihre terrassenförmige Anordnung entstanden Gartenräume in unterschiedlichen Ebenen, die einschließlich der angrenzenden Säle im Schloss zu einer künstlerischen Einheit von Gebäude, Garten, See und Landschaft verschmelzen. Diese einzigartige räumliche Komposition ist heute noch nachvollziehbar. Zur Zeit werden noch einige Gartenbereiche durch die Bauarbeiten am Schloss beeinträchtigt, die das harmonische Gesamtbild stören. Doch in Zukunft sollen Orangerie und Gartenanlage sowie der Zugang zur Liebesinsel und die Uferbereiche wieder rekonstruiert werden.

Besondere Pflanzen: Vor allem im südlichen Bereich finden sich Besonderheiten wie Urwelt-Mammutbaum, Esskastanie, Trompetenbaum sowie Ahornarten, Platanen und Weiden. Sehenswert ist eine alte Sumpfzypresse, die ihre fein gefiederten Blätter im Herbst nach rotbrauner Färbung verliert.

Besondere Bauwerke: Die Orangerie ist heute leider in schlechtem Zustand. Doch die einstige Pracht lässt sich trotz fehlender Schmuckelemente heute noch erahnen. Die aus Findlingsblöcken errichtete spätromantische Grotte wurde trocken, das heißt lediglich unter Ausnutzung ihres Eigengewichts, im Jahr 1852 errichtet.

Gastronomie: Café „Schlossgarten-Pavillon", tägl. ab 10 Uhr

Bewertung: Die Lage am See und die unmittelbare Nähe zum Schloss charakterisieren den Burggarten. In Verbindung mit der alten Residenzstadt, dem Schloss und Park ist Schwerin mindestens einen Tagesausflug wert.

In der Umgebung: Fahrten auf dem Schweriner See vom Schiffsanlager vor dem Schloss.

Schlosspark Schwerin

Lennéstraße, Schlossgartenallee
19048 Schwerin
Schwerin-Information:
Tel. 03 85/592 52 22
Fax 03 85/56 27 39

Anreise: Die Anlagen am Burg- und Schlossgarten liegen im Zentrum Schwerins. Das Schloss ist ausgeschildert.

Behindertengerechte Anlage

Zur Geschichte: Bereits im 16. Jh., im Zuge der ersten größeren Schlossausbauten, wurde jenseits der Insel auf dem angrenzenden, sumpfigen Festland ein Obstgarten angelegt. Zur Entwässerung des Geländes mussten Gräben gezogen werden. Der erste Barockgarten entstand 1672 unter Leitung der beiden Franzosen Lacroix und Vandeuille. Vier heckenumschlossene Zierbeete mit Wasserbassins, zwei Pavillons und Alleen wurden von mehreren Wege- und Sichtachsen gegliedert. Zahlreiche kleine Skulpturen, Gemälde und Springbrunnen schmückten die Anlage. Doch die anhaltende Feuchtigkeit ließ den dauerhaften Erhalt der Anlage nicht zu. Erst der französische Architekt J.L. Legeay nutzte die Notwendigkeit eines Grabensystems gestalterisch so aus, dass in den Jahren 1748-56 ein zentraler Kreuzkanal in der Hauptachse des Schlosses entstand. Er wurde 1752 durch 14 Sandsteinstatuen entlang seines Ufers ergänzt und geschmückt. Legeays großartiger Gartenenwurf sah die Umgestaltung des Südhangs in eine rauschende Wasserkaskade vor, die aus finanziellen Gründen jedoch nie umgesetzt werden konnte. Im vorderen Teil in Schlossnähe ließ er ein prächtiges Broderieparterre anlegen. Die Gartengestaltung war immer auf das Schloss ausgerichtet. Sichtachsen, Blickpunkte und Farbspiel führten jeweils zu ihm hin und von hieraus in die Umgebung. Der Garten wurde zum Symbolträger für Repräsentation, Größe und Macht. Interessant ist auch, dass der Park bereits 1756 für die Öffentlichkeit zugänglich gemacht wurde.

Mitte des 19. Jh. wurde neben dem Burggarten auch der Schlossgarten nach Plänen P.J. Lennés umgebaut und erweitert. Unter der Leitung Theodor Kletts entstand ein weiträumiger Landschaftspark, der die Ufer des Schweriner und des Burgsees bis hin zum Fauler See sowie ihre natürlichen Gegebenheiten mit einbezog. Außerdem entstanden ein Pavillon, das von Baumreihen gefasste Hippodrom und der sogenannte „Greenhouse-Garten“, ein kleiner, intimer, zum Sommersitz des Großherzogs Paul Friedrich gehörender Privatgarten. Der barocke Gartenbereich wurde weitestgehend so belassen und in die erweiterte Parkanlage einbezogen. Lediglich der Kreuzkanal wurde verkürzt und die heute noch vorhandenen Laubengänge anstelle früherer Wasserkanäle angelegt. Im Jahre 1883 ergänzte man die Hauptachse durch ein Standbild des Großherzogs Friedrich Franz II. Seit 1962 wird der Schlossgarten unter denkmalpflegerischer Betreuung rekonstruiert. In den 1990er Jahren ist das Büro des Landschaftsarchitekten Stefan Pulkenat mit Rekonstruktionen betraut, die 1999 unter anderem zur Sanierung des Kreuzkanals führten.

Was ist zu sehen: Der Park ist heute im Wesentlichen so zu erleben, wie er Mitte des 19. Jh. geschaffen wurde. Über eine gusseiserne Brücke der Gründerzeit – ursprünglich als Drehbrücke gebaut, heute aber leider nicht mehr funktionsfähig – gelangt man von der Schlossinsel in den Park. Der Blick über den einstigen Barockgarten entlang der Hauptachse gibt uns einen ersten Eindruck in die Tiefe der Anlage. Der von Baumreihen und Statuen gesäumte Kreuzkanal wirkt beruhigend in der Großstadt und durch seine Dimension doch gewaltig. Die beiden Laubengänge aus Hainbuchen stammen aus dem Jahr 1860 und wurden als Rokoko-Motiv eingefügt. Großzügige Rasenflächen, Beete mit bunten Sommerblumen, Wasser, bewegtes Relief und Statuen bestimmen den Entwurf. Der Park bietet gestalterisch viel und ist in seinem Charakter einzigartig. Lohnend ist ein Aufstieg zur Kuppe der unvollendet gebliebenen Kaskade als Motiv der italienischen Renaissance. Von hier aus hat man einen guten Überblick und ein gerne angenommenes Fotomotiv.

Geschwungene Wege führen über sanfte Reliefgestaltung durch die Anlage. Fließende Übergänge vom schlossnahen Bereich in die Umgebung lassen den Besucher keine Begrenzung wahrnehmen. Das spannungsvolle Nebeneinander von Weite und Enge, Ruhe und Unruhe, Höhe und Tiefe sowie immer wiederkehrende Ausblicke zum Schloss und in die Landschaft zeichnen den Landschaftspark aus. Besonders der Greenhouse-Garten stellt mit seinen Blütendüften einen idyllischen Ruhebereich dar. Für Lenné sollte ein Parkspaziergang vieles bieten: Blüten, Duft, Bäume, Wiesen ... alle Sinne sollten berührt werden. Nicht nur Gartenliebhaber sollten etwas Zeit mitbringen, den Park zu erkunden, und Natur und Kultur auf sich wirken lassen.

Besondere Pflanzen: Gemäß Lennés Planung wurden viele fremdländische Gehölze in den Park eingebracht. Darunter eine Sumpfzypresse, eine heute gut gewachsene, mehrstämmige Kaukasische Flügelnuss, Riesenlebensbäume und verschiedene Ahornarten. Der gesamte Park, aber besonders der Greenhouse-Garten, bestechen durch große Artenvielfalt und herausragende Exemplare der heute schon sehr alten Gehölze. Sehenswert ist eine Dreiergruppe von Schmalblättrigen Rotbuchen. Selten: eine Weißbunte Eiche.

Besondere Bauwerke: Die 14 Sandsteinfiguren entlang des Keuzkanals in der Hauptachse stellen Figuren der griechischen und römischen Mythologie dar. Nachdem man zu Beginn des 20. Jh. feststellte, dass sie aus der Hand B. Permosers aus Dresden stammen, wurden die Originale von 1752 im Jahr 1961 durch Kopien des Bildhauers Werner Hempel ersetzt. Im Einzelnen finden sich: die vier Jahreszeiten, Bacchus, Flora und Fauna, Ceres, Diana, Apollo, Merkur und Venus.

Das Standbild des Großherzogs Fr. Franz II. wurde einer Reiterstatue des Marc Aurel in Rom nachempfunden und von Ludwig Brunow angefertigt. Es wurde 1893 zum 10. Todestag eingeweiht.

1907 stellte man an ihrem Lieblingsplatz im Greenhouse-Garten die Marmorstatue der Großherzogin Alexandrine auf. Der erstmals durch den Konditor Sandler eröffnete Pavillon wurde ab 1982 wieder geöffnet. Die ehemalige Schleifmühle im Südosten des Parks ist heute Museum. Auch das Greenhouse erstrahlt wieder in seiner einstigen Pracht.

Bewertung: Schloss- und Parkanlage Schwerin gehören als kulturelles Erbe zu den wertvollsten denkmalgeschützten Anlagen Deutschlands. Das harmonische Zusammenspiel der Gartenkunst des 18. und 19. Jahrhunderts vor der einmaligen Kulisse des Schweriner Schlosses verdient höchste Anerkennung.

In der Umgebung: Etwas nördlich von Schwerin am Ziegelsee liegt die Klinik Sachsenberg. Auf einer Anhöhe gelegen wurde sie seit dem beginnenden 19. Jh. stetig erweitert. Auf dem Abhang zwischen Gebäude und Ufer erstrecken sich die Freianlagen, die sich - in ständiger Erweiterung begriffen - von einem kleinen Lustgärtchen (1833) zu einem 21 ha großen Landschaftspark entwickelt haben. Im Park finden sich viele in- und ausländische Baumarten.

Sundpromenade Stralsund

Sundpromenade
18435 Stralsund
Tel. 038 31/26 71 36
Fax 038 31/26 71 35

Anreise: Buslinien 4 u. 5
Theaterplatz

Behindertengerechte Anlage

Zur Geschichte: Bereits Mitte des 19. Jh. gab es am Sundstrand verschiedene Badeanstalten. Um 1900 begann man mit dem Bau einer Uferpromenade, doch erst in den Jahren 1927/28 konnte im Rahmen eines Notstandsprogramms nach einer Planung des damaligen Gartenbauinspektors Hans Winter die heutige Sundpromenade fertig gestellt werden. Später wurde sie durch einen Höhenweg mit weiten Ausblicken auf den Stralsund und Rügen reizvoll ergänzt. Auf einem von zwei Schmuckplätzen wurde 1962 ein monumentales Denkmal errichtet.

Was ist zu sehen: Ruhig und unbeeinträchtigt durch Straßenlärm besteht eine der beliebtesten öffentlichen Grünanlagen der Stadt am Stralsund. Im Schatten über 70 Jahre alter Alleen wandelt der Besucher entlang des Sund-Ufers und genießt bei schönem Wetter den Blick bis zur Insel Rügen und auf die historische Altstadt. Der unter Linden geführte, geschwungene Promenadenweg verbindet verschiedene der Erholung dienende Plätze miteinander.

Am Fuße des Abhangs schließen sich mehrere kleine, in sich abgeschlossene Gartenräume an. Kinderspielplatz, Rasenrondell, Konzertplatz oder Wandelgang laden zum Entspannen ein. Im hinteren Bereich befinden sich noch immer große öffentliche Badeanstalten mit breitem Sandstrand.

Veranstaltungen: Anfang Juli findet seit den 1920er Jahren regelmäßig das erstmals 1825 durchgeführte Sundschwimmen statt. Die Strecke verläuft von Altefähr auf Rügen bis zur Seebadeanstalt und ist 2,3 km lang. Weiter interessant: Wallenstein-Tage, das Seegefecht im Juli, Segelregatta.

Bewertung: Ein beliebtes innerstädtisches Ausflugsziel zum Promenieren und ein Gartenkunstwerk, das Strand und Ufer zu einem Landschaftsraum verbindet.

In der Umgebung: Nahe der Sundpromenade befindet sich am Knieperdamm die Brunnenaue. Der kleine Stadtteilpark wurde bereits 1630 mit seiner Heilquelle erwähnt und war Mitte des 19. Jh. ein attraktiver Biedermeiergarten. Seit seiner letzten Umgestaltung in den 1960er Jahren mit zeitgenössischen Plastiken, Spielplätzen und Sitzbereichen wird der Park von einer polygonalen Springbrunnenanlage dominiert, die an den Ursprung der Anlage erinnern soll.

Der Kurpark Devin wurde in der Mitte des 19. Jahrhunderts als Landschaftspark angelegt. Nachdem er im Jahr 1862 durch den Bau eines Pavillons zum Ausflugsziel geworden war und 1887 das Kurhaus entstand, wurden die Baulichkeiten später stark verändert. Der Park ist heute nur noch in groben Strukturen erhalten.

Wallanlagen Stralsund

Knieperwall, Frankenwall
18439 Stralsund
Bauamt: Tel. 038 31/26 71-36
Fax 038 31/26 71-35

Anreise: Buslinien 2, 3, 4 u. 5 Frankenwall, Busbahnhof, Knieperwall

Behindertengerechte Anlage

Zur Geschichte: Nachdem zu Beginn des 19. Jh. Stadtbefestigungen in Form von Wallanlagen überflüssig und funktionslos geworden waren, begann man 1873 mit der Umgestaltung in öffentliche Grünflächen. Nach Plänen des königlichen Hofgarteninspektors J.B.F. Jühlke wurden im Verlauf der ehemaligen Wälle Alleen gepflanzt und die einstigen Bastionen landschaftlich gestaltet. Später ergänzte man die Anlagen durch verschiedene Denkmale und Spielplätze. In jüngerer Zeit mussten die Flächen durch bauliche Veränderungen und Verbreiterung der Hauptverkehrsstraßen stark dezimiert werden.

Was ist zu sehen: Die ehemaligen Wallanlagen gehören zu den wichtigsten Grünzügen der Stadt. Begleitet von teilweise sehr altem Baumbestand umschließen sie die Altstadt und dienen als zentrale Fußwegeverbindung. Auf den Flächen der ehemaligen Bastionen sind moderne, abwechslungsreiche Spielplätze eingerichtet. Die direkte Lage am Ufer des Sees mit weiten Blicken auf das gegenüberliegende Ufer wiegt die Lärmbelastung der nahen Hauptstraße am Knieperwall etwas auf. Eine Bootsklause und Bootsverleih am Knieperdamm laden zum Verweilen ein.
Unweit der Wallanlagen am südlichen Frankenteichufer befindet sich das 1926/27 als 2,1 ha großer Bürgerpark entstandene Wulflamufer. Die Gartenanlage wurde großartig in den Landschaftsraum der die Altstadt umschließenden Stadtteiche einbezogen. Von hier hat man die beste Aussicht über den See auf die historische Stadtkulisse.

Bewertung: Grünanlagen am Wasser mit ständigem Kontakt zur alten Hansestadt – und in einigen Bereichen mit lauten Straßen.

In der Umgebung: Ein Besuch im Deutschen Meeresmuseum mit 300.000 Liter großem Seewasser-Aquarium in mehreren Schaubecken bietet sich an; mit Haien und Schaufütterungen (Sa u. So 11 Uhr). Café tägl. 10-17 Uhr, Juli u. August 9-18 Uhr. Wechselnde Veranstaltungen ganzjährig. Straße: Katharinenberg 14-20.

Thünenmuseum Tellow

17168 Tellow
Tel. 03 99 76/54 10
Fax 03 99 76/54 116
E-Mail:
Thuenen-Museum-Tellow@t-online.de

Öffnungszeiten: tägl. 9-17 Uhr, Okt.-April 9-16 Uhr

Eintritt: Erw. DM 5,-/Erm. DM 2,50

Anreise: von Rostock oder Teterow über die B 108, 10 km nördlich von Teterow

Führungen: nach Voranmeldung

Zur Geschichte: Johann Heinrich von Thünen (1783-1850) kaufte 1810 das 465 ha große und stark verschuldete Lehngut Tellow auf und baute es in den folgenden Jahrzehnten zu einem landwirtschaftlichen Mustergut auf. Als erster führte er mit Erfolg eine Gewinnbeteiligung und Altersversorgung für seine Gutsarbeiter ein. 1969-72 begann eine Schülerarbeitsgemeinschaft unter der Leitung von Herrn R.-D. Bartz mit dem Aufbau des Thünenmuseums und rettete die Anlage somit vor dem Verfall. Das klassizistische Herrenhaus mit Gutsanlage, die ehemalige Wirkungsstätte des Agrarwissenschaftlers J.H.v. Thünen, bildet den Kern der Anlage. Schritt für Schritt konnten weitere Gebäude und Flächen in das Museum integriert werden. Heute gehört das denkmalgeschützte Gutsensemble zur kommunalen „Kulturstiftung Teterower Kreis".

Was ist zu sehen: Das Thünenmuseum beinhaltet ein historisch gewachsenes mecklenburgisches Gutsensemble, das sich in zwei Bereiche gliedert: die Gutsanlage und den Park. Im alten Gutshaus ist heute das agrargeschichtliche Freilichtmuseum zur ländlichen Lebens- und Arbeitsweise im 19. und 20. Jh. zu sehen. Außerdem sind ein Gärtnerhaus, ein alter Eiskeller, Handwerkerhäuser und einige Neubauernhäuser des 19. Jh. zu besichtigen.

Nördlich dem Gutshaus schließt sich die Parkanlage an. Sie wurde unter der Leitung von Thünen selbst, der eine große Vorliebe für seinen Garten hatte, ohne Hilfe eines Gartengestalters angelegt. Jede Veränderung wurde im Familienrat besprochen. Ein bemerkenswerter, fast 200 Jahre alter Hainbuchentunnel führt vom Herrenhaus durch Obstwiesen in den Garten.

Zwei rekonstruierte Brücken führen auf eine kleine Insel im zentral gelegenen Teich. Der hintere Park- und Uferbereich weist einen beachtlichen dendrologischen Bestand auf, unter anderem eine alte Eiche, die bereits lange vor Thünen diesen Standort zierte. Ein weiterführender Wanderweg wurde ebenfalls von Thünen mit einigen Denkmalen, Aussichtspunkten und schönen Blickachsen auf den Gutspark angelegt.

Besondere Pflanzen: Eine Seltenheit für einen Gutspark stellt der Laubengang aus Hainbuchen dar. Ebenfalls beachtlich sind eine Gelbblättrige Eiche, die Einblättrige Esche, die Kaukasische Flügelnuss (flügelartige Blattknospen) sowie zahlreiche alte Obstbäume.

Gastronomie: „Thünenstall", Gaststätte mit Wildspezialitäten

Veranstaltungen: Es gibt traditionelle Veranstaltungen im Wandel der Jahreszeiten: Mecklenburgische Kinder-Fasteltage, Osterkinderfest, Frühlingssingen der Chöre, Parkfest, Scheunenfest, Bauernmarkt u.a.

Bewertung: Ein interessantes Ensemble mit dem Hintergrund der Leistungen von Thünen.

In der Umgebung: 12 km nördlich liegt der Ort Dalwitz mit der gleichnamigen Gutsanlage, in der sich durch Funde aus der Steinzeit eine weit zurückreichende Besiedelung nachweisen lässt. Dalwitz ist seit 1379 einer der Stammsitze der Familie v. Bassewitz. Am Ende der Gutsanlage liegen auf einer früheren, noch heute allseitig von Wasser umgebenen Festungsanlage das Herrenhaus im Tudorstil sowie das ältere Wohnhaus. Insel und Umgebung sind parkartig gestaltet, u.a. mit Resten eines Denkmals, welches durch Sabina v. Bassewitz, eine der gelehrten Frauen im ausgehenden 18. Jh., gesetzt wurde, mit Lindenalleen und Säuleneichen sowie einer hübschen weißen Brücke.

Landschaftspark Varchentin

17192 Varchentin

Anreise:
liegt an der B 194
zwischen Waren/Müritz und
Reuterstadt-Stavenhagen

Zur Geschichte: Der prächtige Schlosskomplex Varchentin wurde 1847 im Stil der englischen Tudorgotik nach Plänen des Schweizers August de Meuron erbaut. Bereits neun Jahre zuvor (1838) entwarf P.J. Lenné einen Plan für einen weiten Landschaftspark in Varchentin. Sein Bauherr, der Hamburger Bankier G. Jenisch, ließ in den folgenden Jahren den Park anlegen, zu dem auch eine Gärtnerei und eine Kapelle gehörten. Nach 1945 wurde das Gebäude als Bildungseinrichtung und einige Jahre als Hotel genutzt. Zur Zeit steht es leer. Es soll - Ende 1999 durch einen Investor übernommen - zu neuem Glanz geführt werden.

Was ist zu sehen: Vom Dorf Varchentin leitet eine Allee aus alten, knorrigen Kastanien auf das weiße Schloss zu. Zwischen Schloss und dem Großen Varchentiner See liegt die großzügige Parkanlage.

Mit gekonnt arrangierten Gestaltungsmitteln wie dem vorhanden See, das vom Schloss dorthin stark abfallende Gelände, Wiese und Bäumen hat Lenné einen klassischen Landschaftspark geschaffen. Entlang dem großen Rundweg bestehen mehrere Blickachsen, so vom Schloss zum See. Sehenswert ist die Baumverwendung aus Arten mit unterschiedlichen Formen und Laubfärbungen (dunkelrote Blutbuche, Wuchs groß und breitkugelig; hellgrüne Sumpfzypresse, filigranes Laub, hoher und leichter Wuchs; dunkelgrüne, große Eichen und Eschen mit zum Teil knorrigem Wuchs; dunkelgrüne Säuleneiche, schlanker Wuchs; blühende Kastanien und Linden). Die Herbstfärbungen vervollständigen die Kunst der Gestaltung. Gruppen bilden Blutbuchen, Kastanien, Eschen und Linden.

Die schönste Besuchszeit ist von Mitte April bis Mitte Juni und ab Mitte September bis Ende Oktober. Wer sich im Sommer auf die 6,5 km lange Wanderung zum Park in Groß Gievitz begeben hat, kann sich anschließend im kühlen See bei einem Bad erfrischen.

Besondere Bauwerke: Im Park sind die Gutsgärtnerei im neogotischen Stil (zweite Hälfte 19. Jh.) und die verfallene Kapelle im Stil der Neorenaissance zu finden.

Bewertung: Aufgrund der gekonnt akzentuierten Baumpflanzungen und der Gesamtanlage besuchenswert.

In der Umgebung: Im nahen Groß Plasten liegt das gleichnamige, 1995 aufwendig renovierte Schlosshotel. Es wurde 1751 erbaut. Erhalten haben sich Reste der Parkanlage, die ein Schüler von Lenné gestaltet hat. Uralte Eichen stehen an einer Koppel. Gut als Standort für Gartentouren oder zum Kaffee/Essen mit zauberhaftem Blick von der Schlossterrasse über einen See zu besuchen.

Fischerdorf Vitt / Rügen

18556 Vitt / Rügen

Anreise:
per Arkona-Bahn von Puttgarden, bis dort mit dem Bus von Saßnitz oder per PKW

Zur Geschichte: Die natürlichen, tiefen Einschnitte in die Steilhänge der Halbinsel Wittow auf Nordrügen sind über Jahrhunderte von den Menschen als Handelsplätze (Vitten) genutzt worden. Schon im 10. Jahrhundert soll Vitt ein Handelsplatz der slawischen Burganlage Arkona gewesen sein. Ab 1290 wurden das Recht und die Freiheit des Fischfangs der Vitten in einer Urkunde des slawischen Rügenfürstes Witzlaw III. besiegelt. Die Händler standen unter dem Schutz des Landesherren, an den sie Steuern bezahlen mussten. Wegen der Saison im Heringsfang wurde der Ort nur im Sommer genutzt. Nach und nach ließen sich die Fischer jedoch nieder und kleine Dörfer entstanden.

Was ist zu sehen: Äußerst liebenswert liegt das urige Fischerdorf Vitt von Steilhängen und Dünen umgeben nur wenige Meter von der Ostseeküste entfernt. Der kleine Fischerhafen besteht in seinem jetzigen Zustand mit der Backsteinmole und dem hölzernen Landungssteg wohl seit dem Anfang des 19. Jahrhunderts. Hier starten täglich um 10 Uhr Schifffahrten nach Kap Arkona. Es können auch Boote ausgeliehen werden. Die Mehrzahl der hübschen, reetgedeckten Fischerhäuser datiert aus der Mitte bis Ende des 19. Jahrhunderts. Viele sind von kleinen geschmückten Gärtchen und Höfen umgeben. Von Vitt aus hat man einen hervorragenden Blick auf die Arkona-Felsen.

Besondere Bauwerke: Oberhalb des Dorfes liegt die 1816 eingeweihte Fischerkapelle. Der verputzte achteckige Zentralbau aus Feldsteinen und Klinkern entstammt wahrscheinlich einem Entwurf von Karl Friedrich Schinkel. Mit der Kapelle bekamen die Fischer einen wetterfesten Unterstand zum Gebet. Zuvor war der Altenkirchener Pfarrer zur Heringsfangzeit regelmäßig zum Gebet im Freien herübergekommen.

In der Kapelle hängt als Altarbild eine Kopie von Otto Runges „Sinkendem Petrus". Das Original hängt in der Hamburger Kunsthalle. Überliefert ist die Geschichte, dass der Blick von der Kanzel früher direkt auf den Hafen fiel, wo ein Junge nach Heringen Ausschau hielt. Kam der Fisch, wurde der Gottesdienst schnell beendet.

Gastronomie: Am Strand gibt es einen guten Imbiss mit frisch geräuchertem Fisch. Im Dorf befinden sich einige Cafés und Restaurants.

Bewertung: Man denke sich jegliche Zivilisation weg und warte auf eine stürmische Nacht, um die Dorfanlage und das Werk der Menschen angemessen zu verstehen.

In der Umgebung: Park Juliusruh: Kurz vor dem Kap Arkona wollte Julius Christoph von der Lancken auf Lanckensburg und Presenke ab 1795/96 seine Ruhe finden. Er ließ sich auf einem Teil des Guts Drewoldke einen Sommersitz mit einem weiträumigen barocken Park (auf der Westseite) sowie einem aufwendigen Park im englischen Stil (Ostseite) bauen. Ein Herrenhaus, Gebäude um einen ovalen Hof, Reitbahn, Remise, Orangerie und Badehaus verfielen jedoch, nachdem der Sitz bereits 1803 verkauft werden musste. Schon 1807, als der französische Marschall Brune während der Besatzungszeit hier wohnen sollte, waren die Anlagen nicht mehr bewohnbar. Seit 1895 wurde das Waldgebiet als Kurpark für den neu entstandenen Badeort Juliusruh genutzt. Heute werden die Reste des Parks wieder gepflegt und die über 200 Jahre alten Lindenalleen, Hainbuchenhecken, Wege um die Seen und Wassergräben laden zum Entdecken ein. Dabei wird man auch auf den großen Findling zum Gedenken an Julius von der Lancken stoßen, in den das Gründungsdatum des nach ihm benannten Ortes eingraviert ist.

1798 schrieb der pommersche Dichter Carl Lappe: „Eine Ruhe hier? Hier an der tobenden See, die sich nur wenige Fuß erheben dürfte, um sie zu überfluten? Neben beweglichen Dünenhügeln, deren Sand bei jedem Winde umherwirbelt? Das muß eine unruhige Seele gewesen sein, die die hübsche Ahnenburg (Stammsitz bei Altenkirchen) verschmähen und gerade hier ihre Ruhe suchen und zu finden meinen könnte!"

Promenade und Kuranlagen Warnemünde

**Am Strom, Wachtlerstraße,
Heinrich-Heine-Straße
18119 Warnemünde
Amt für Stadtgrün:
Tel. 03 81/80 64-0
Fax 03 81/80 64-300**

**Anreise:
Bahn: S-Bahn 1 u. 2 von Rostock
Bus/PKW: bis Warnemünde**

Behindertengerechte Anlage

Zur Geschichte: Auf Initiative des Deputierten beim Rostocker Stadtbauamt, Alexander Luis Wachtler, wurde 1860 mit Pflanzungen zu einem Kurpark begonnen. Die Gartenerde wurde mit Segelschiffen aus Holland herangeschafft und mit Diedrichsfelder Ackerboden gemischt. Die Fläche reichte vom Hotel Hübner bis an die See- und die Mühlenstraße heran. Noch 1870 beschwerte sich Theodor Fontane über die „Kiefernschonung, sie wirkt wie eigens für die Kiefernraupe angelegt, und doch fehlte selbst diese, als ich 1870 im Schatten dieser schattenlosen Anlage spazieren ging". Nach der Neugestaltung unter Obergärtner Schomburg bis 1913 entwickelte sich die Anlage zu einer beliebten öffentlichen Parkanlage. Im II. Weltkrieg mit Gräben und Befestigungen durchzogen, wurden weite Teile nach 1945 zwar wiederhergestellt, jedoch nahmen größere bauliche Eingriffe sowie mangelnde Pflegemaßnahmen den Charme. Seit 1998 werden aufgrund einer Entwurfsplanung wieder Auslichtungsarbeiten durchgeführt, die den Charakter als Parkanlage mit schattigen Baum- und Strauchflächen sowie lichten Wiesen und Wegen rekonstruieren sollen. Interessante Formen und Farben sowie Licht und Schatten sollen den Tages- und Jahreszeiten entsprechend abwechseln. Auch wichtige Anbindungen an die Promenade sind vorgesehen.

Was ist zu sehen: Ein wahres Schmuckstück ist die den Hafen begleitende Straße Am Strom. Fischkutter, gepflegte Häuschen mit kleinen Geschäften, Cafés, bunt gestaltete Grünflächen im Wind lassen unverzüglich Urlaubsstimmung aufkommen.

Derzeit vollzieht sich neben dem hohen Hotel Neptun der Wiederaufbau des historischen Kurhausgartens mit Musikpavillon auf einer neuen Tiefgarage. Er wird formal mit rechteckigen Beeten und rasterartig gepflanzten Bäumen gestaltet. Damit wird versucht, an die große Tradition dieser Einrichtung vor dem Krieg anzuknüpfen.

Zwei Straßen landeinwärts, am Fuße des Hotels Neptun, liegt der Kurpark von Warnemünde, der sich gegenüber dem Westufer dezent im Hintergrund hält. Im Gegensatz zur prächtig renovierten Hafenpromenade liegt er ruhig von schattigen

Baum- und Strauchflächen begleitet; dunkler und ohne den animierenden Charme des Zentrums erwarten den Besucher einige Bänke, Bäume und Rasenflächen. Die Lesehalle zieht einen förmlich an. Ein kleiner Spielplatz bietet Bewegungsmöglichkeiten für Kinder. Die Bronzeplastik im Kurpark wurde 1962 von Karl-Heinz Schamal geschaffen.

Bewertung: Es hat sich viel getan und es tut sich auch gärtnerisch-gestalterisch was in Warnemünde, und das ist des Lobes wert und mit viel Interesse zu verfolgen. „Am Strom" ist eine der schönsten Promenaden des Landes.

In der Umgebung: Unmittelbar hinter den Dünen auf einem aufgeschütteten, als unfruchtbar geltenden Gelände liegt der Alte Friedhof Warnemündes, der heutige Stephan-Jantzen-Park (legendärer Warnemünder Lotsenkommandeur, 1827-1913). 1874 auf einer Fläche von 1,5 ha angelegt, fand 1975 die letzte Bestattung statt; seit 1990 ist der Friedhof geschlossen. Seitdem entstand Schritt für Schritt eine öffentliche Parkanlage, in der ruhige Rasenflächen dominieren und die Raumwirkung durch den 200 Jahre alten Baumbestand bestimmt wird. Grabsteine bleiben als interessante Blickpunkte erhalten und sind Geschichtszeugnis und gartenkünstlerisches Gestaltungselement zugleich. Zukünftig soll der Park Bestandteil des Kurparks Warnemünde werden.

Landschaftspark Wiligrad

19069 Lübstorf
Kunstverein Wiligrad e. V.:
Tel. 038 67/88 01
Fax 038 67/88 01

Anreise:
Bus: 8, Wiligrad
PKW: auf der B 104 von Schwerin Richtung Wismar, rechts ab nach Lübstorf; im Ort links ab nach Wiligrad

Zur Geschichte: Zur Zeit der slawischen Besiedlung war der Ort Wiligrad (dt. Große Burg) Hauptsitz des Stammes der Obotriten, die einen Großteil Mecklenburgs besiedelten. Aus dieser geschichtlichen Bedeutung heraus benannte der Regent Johann Albrecht etwa 1000 Jahre später im 19. Jh. den Ort wieder Wiligrad. 1896-98 ließ er das prächtige Neorenaissance-Schloss nach Plänen von A. Haupt erbauen. Etwa zeitgleich wurde aus dem angrenzenden Buchenwald ein 209 ha großer Waldpark mit zahlreichen Hütten und Denkmälern von einem Weimarer Schlossgärtner geschaffen. Die Denkmäler (Skulpturen, Säulen, Brunnen, Gedenksteine) waren oft Kopien von Weimarer Vorbildern. Ein wesentlicher Bestandteil des Parkes war die um die Jahrhundertwende bis 1903 entstandene, 3 km lange Fr.-Franz-Promenade, benannt nach dem Großherzog Friedrich Franz III. von Mecklenburg (der ältere Bruder des Bauherrn). Bis 1945 war Wiligrad in herzoglichem Besitz. Danach folgten zahlreiche Umnutzungen, hauptsächlich durch verschiedene Einrichtungen der Polizei. Das mag der Grund dafür sein, weshalb die Anlage zu DDR-Zeiten kaum bekannt war und nur wenig darüber publiziert wurde. Sie blieb dadurch zwar immer genutzt und gepflegt, hat in den 1960er Jahren durch Bunkerbauten, Stacheldraht- und Schutzanlagen aber auch gelitten. Heute gehört das Schloss zum Landesamt für Denkmalpflege und in den Räumen hat der 1991 gegründete Kunstverein Wiligrad e.V. seinen Sitz. Im Park finden sich mehrere Ausstellungsstücke zeitgenössischer Kunst.

Was ist zu sehen: Das Hauptgebäude des Schlosses, das mit charakteristischem und aufwendigem Terrakottaschmuck versehen ist, ist auf die Landschaft am Ufer des Schweriner Sees ausgerichtet. Die ehemals weitläufige Parkanlage erstreckt sich im Wald zwischen Wiligrad und Lübstorf entlang dem Schweriner See. Im Jahre 1998 konnte der historische Wanderweg „Fr.-Franz-Weg“ feierlich wieder eröffnet werden, woran ein Gedenkstein unter einer großen Eiche an der Straßenabbiegung nach Wiligrad erinnert. Hier beginnt der Rundweg. Vorbei an einer Reihe sehr alter Eichen gelangt der

Wanderer über eine Knüppelbrücke an eine große Marmorvase von F. Roma, die ursprünglich den Mittelpunkt einer Waldwiese bildete. Weiter geht es zum „Bülow-Stein“ (1901), ein Andenken an den Staatsminister Herzog Johann Albrechts, und zum „Elisabeth-Stein“ (1900), der der ersten Frau des Herzogs gewidmet ist. Ein Hinweisschild „Sachsenstein 50m“ verweist auf den von Eiben umgebenen Gedenkstein (1892), der daran erinnert, dass Erbgroßherzog Carl August von Sachsen hier einst zwei Eichen vom Ettersberg bei Weimar pflanzte. Vorbei an zahlreichen Hügelgräbern erreicht man schließlich den „Bassewitz-Weg“, der zum Friedrich-Franz-Denkmal führt. Das auf einem künstlich aufgeschütteten Grabhügel stehende Denkmal ist von neun Findlingen umgeben, die den sagenumwobenen Steintanz von Boitin nachstellen. Im Park befinden sich noch zahlreiche Teiche und Wasserläufe, Obelisken, Tafeln und Gedenksteine. Unterhalb des Schlosses befindet sich die stark zerfallene „Elisabeth-Quelle“, aus der noch heute Trinkwasser sprudelt. Im schlossnahen Bereich wurden viele fremdländische Parkbäume gepflanzt, die mittlerweile zu stattlichen Exemplaren herangewachsen sind und einen würdigen Rahmen für das Schloss bilden (Platanen, Magnolie, Tulpenbaum, Zwergbirken, Scheinzypressen, Roteichen, Eiben, Pyramideneichen und Ginkgo).

Mit dem IV. Internationalen Bildhauersymposium-Metall im September 1999 wurde der Skulpturenpark Wiligrad e.V. gegründet. Unter dänischer, österreichischer, polnischer und deutscher Mitwirkung sind hier die großen, teilweise dreidimensional geschaffenen Exponate zu sehen. Insgesamt 18 Installationen können Wanderer erleben.

Bewertung: Für Wanderer der Friedrich-Franz-Weg und für Kunstfreunde der schlossnahe Bereich mit Plastiken: Wiligrad bietet allen etwas.

Landesgartenschau Wismar

An der Lübschen Burg
23966 Wismar
Tel. 038 41/327 30

Öffnungszeiten: 19. April bis 20. Oktober 2002

Anreise: A 20 Wismar West; B 208 Richtung Wismar; B 106 Richtung Wendorf

Behindertengerechte Anlage

WISMAR 2002
EIN BLÜTENMEER
1. Landesgartenschau Mecklenburg-Vorpommern

Zur Geschichte / Was ist zu sehen: Im Jahr 2002 findet in Wismar die erste Landesgartenschau in Mecklenburg-Vorpommern statt. Dort, wo jetzt noch zurückgelassenes Kriegsgerät an jene Zeit erinnert, als das Areal der Gartenbauausstellung zur GUS-Garnison gehörte, wird in Kürze ein „Paradiesgarten" entstehen. Die Hansestadt Wismar plant, auf einer Fläche von insgesamt 42 ha eine großzügige und hochwertige Freizeitlandschaft entstehen zu lassen, die nur 2 km von der historischen Altstadt entfernt liegt. Durch den Umstand, dass seit mehr als 20 Jahren im gesamten norddeutschen Raum keine Gartenschau mehr stattgefunden hat, erhält diese eine zusätzliche Bedeutung. Zur Ideenfindung und Realisierung wurde ein europaweiter Planer-Wettbewerb ausgeschrieben, den das Hamburger Büro WES gewonnen hat. In seinem Konzept für das parkähnliche Gelände werden zahlreiche Einzelprojekte integriert. Geplant sind ein typisches mecklenburgisches Bauernhofensemble, eine Parkeisenbahn, ein 30 m hoher Aussichtsturm, viele Spiel- und Sportgeräte sowie der schon jetzt am Standort befindliche, 12 ha große Tierpark. Das Planungskonzept beinhaltet anspruchsvolle Gartengestaltung mit vielen Blumen, aber auch nachempfundene Vegetation fremder Lebensräume. Kernstück soll der „Paradiesgarten" werden, ein Bereich, der „schön wie der Garten Eden" gestaltet werden soll. Während der Landesgartenschau sind zahlreiche Sonderveranstaltungen wie Musik- und Theaterprogramme, Blumenschauen, Forst- und Baumschultage, Fachtagungen und Kongresse geplant. Bis zu 1 Million zusätzlicher Gäste in der Stadt werden Berechnungen zufolge im Jahr 2002 erwartet.

Nach den bundesweit geltenden Grundsätzen für die Durchführung von Gartenschauen sollen jedoch nicht nur beispielhafte und hochwertige Parkanlagen für ein Jahr geschaffen werden. Sie sollten auch dauerhaft weiterbetrieben werden. Um dies zu gewährleisten, ist geplant, die Nachnutzung einer GmbH zu übertragen, welche thematisch an die Landesgartenschau angelehnt ist und die auf diesem Gelände einen Tier- und Erlebnispark entwickelt und wirtschaftlich erfolgreich betreibt. So soll der entstehende „Landesgarten" mittelfristig erheblich zur Verbesserung der Freizeitinfrastruktur beitragen und auch in der Zeit nach der Ausstellung ein beliebtes Ausflugsziel nicht nur von Tages- und Urlaubstouristen, sondern auch der Wismarer Bürger bleiben.

Landschaftspark Wolfshagen

Bundesstraße 198
17335 Wolfshagen
Tel. 039745/20892 (Regina Gest)

Anreise:
Bahn: bis Neubrandenburg oder Prenzlau, weiter mit dem Bus nach Wolfshagen
PKW: an der B 198 4 km östlich von Woldegk

Führungen: nach Vereinbarung unter o.a. Telefonnummer

Behindertengerechte Anlage

Zur Geschichte: Aufgrund der strategisch günstigen Lage im Grenzgebiet von Mecklenburg und Brandenburg entwickelte sich mit dem Bau der „Blankenburg" am Ufer eines Sees um 1250 ein Ort. Das Backsteingebäude mit einem markanten hohen Turm war von einem Wassergraben umgeben. Nach mehreren kriegerischen Auseinandersetzungen wurde die Burg schließlich im Dreißigjährigen Krieg so schwer beschädigt, dass sie seitdem nur noch als Ruine erhalten geblieben ist. Doch der Ort entwickelte sich weiter. Im 17. Jh. übernahm Otto von Schwerin das Besitztum Wolfshagen von den Blankenburgs und ließ das im Renaissancestil erbaute Schloss in ein barockes Gebäude umbauen. Vermutlich gleichzeitig entstand eine erste Gartenanlage im französischen Stil.
Die veränderten politischen Verhältnisse nach 1815 führten zu einer regen Bautätigkeit in den 1820er-50er Jahren. Beauftragt von Herrmann von Schwerin entstand ein einmaliges Ensemble aus Dorfarchitektur, Park und weiträumiger Landschaft. 1832 entwarf P.J. Lenné einen Plan zur Landschaftsgestaltung, der in den folgenden Jahren etappenweise umgesetzt wurde. 1945 wurde das Schloss samt Orangerie zerstört und später abgetragen.
Was ist zu sehen: Dorf und Park Wolfshagen sind in ihrem heutigen Zustand das Ergebnis der Planungen des 19. Jh. Am südlichen Ufer des während der letzten Eiszeit entstandenen Haussees befindet sich das schon brandenburgische Dorf. Um den See herum erstreckt sich der Park, der den Ort wirkungsvoll in seine Mitte einbindet. Auf einem 2 km langen Wanderweg passiert man sowohl weiträumige, ruhige Naturzonen als auch die auf kleinstem Raum äußerst abwechslungsreiche Ortschaft. Immer wieder wird man von wechselnden Motiven und Ausblicken über den See in die Parklandschaft überrascht. Das verborgene Forsthaus am Ende einer Waldschneise, der restaurierte Obelisk auf einer Anhöhe oder die romantische alte Burgruine sind nur einige der Sehenswürdigkeiten, die den Besucher auf dem Rundweg begleiten. Wirkungsvolle Einzelbäume, kulissenartige Baumgruppen und dichte Waldgebiete wechseln sich hier in selte-

ner Schönheit miteinander ab. Wiesen, Gräben und Brücken bereichern die Gestaltung. Vom Kern der Anlage – dem Schloss mit seinen Nebengebäuden – ist leider nichts mehr erhalten geblieben. Lediglich eine kleine halbrunde Aussichtsplattform, die sich ursprünglich von zwei Ritterstatuen geziert in der Hauptachse zum Schloss befand, zeugt heute noch vom barocken Gebäudekomplex.

Besondere Pflanzen: Baumgruppen mit teilweise prächtigen Exemplaren von Eichen, Linden, Kastanien, Platanen und Rotbuchen wurden von Lenné durch besondere Arten - wie Tulpenbaum, Esskastanien und Japanischer Flieder - ergänzt.

Besondere Bauwerke: Die Blankenburg wurde im 13. Jh. erbaut. Der erhalten gebliebene Fangelturm wurde im 19. Jh. in die Parklandschaft einbezogen und malerisch in Szene gesetzt. Ebenso das 1828 auf einer Anhöhe errichtete Denkmal der Befreiungskriege. An dem Obelisk aus roten Backsteinen sind vier gusseiserne Inschriftplatten angebracht. Das 1823 erbaute Forsthaus mit der neogotischen Fassade ist Blickpunkt einer Waldschneise und war ursprünglich das Pendant zum Schloss auf der gegenüberliegenden Seite des Sees. In den 1830er Jahren wurde die 60 m lange Fliesenbrücke aus Feldsteinen und Ziegeln errichtet. Die Restaurierung der Brücke 1995/96 erhielt den Denkmalförderpreis. Der hinter der Brücke befindliche, neoromanische Speicher ist ein Mitte des 19. Jh. erbauter Klinkerbau. Zu den sehenswerten Gebäuden im Dorf gehören wegen ihres unverwechselbaren neogotischen Baustils das Fischer-, Gärtner- und das Preußische Zollhaus. Sie zählen überregional zu den bemerkenswertesten Beispielen der preußischen Landbaukunst um 1830. Das Wahrzeichen Wolfshagens ist die 17 m hohe Königssäule, die 1834 nach friedlicher Beilegung eines Rechtsstreits errichtet wurde. 1835 ergänzte man das Dorfbild mit dem historischen Gasthaus, der alten Schmiede und der so genannten Zollwaage. Die Krönung stellt die 1858 eingeweihte, reich verzierte Kirche dar. Zu der wertvollen, sehenswerten Innenausstattung gehören u.a. ein Wandteppich, ein Grabstein und die zwölffarbigen Wappenfenster. Das 1860 anstelle der alten Kirche errichtete, neoromanische „Erbbegräbnis" ist die Grabstätte der Familie von Schwerin. Sie beherbergt in einer Gruft drei Särge sowie mehrere Gedenktafeln.

Die klassizistische Ehrenpforte markiert den südlichen Eingangsbereich nach Wolfshagen. Sie wurde 1871 als erster Stahlbetonbau der Region erbaut.

Gastronomie: hist. Gasthaus „Zur Königssäule"

Veranstaltungen: Seit 1855 wurde jährlich das „Rosenfest" gefeiert und findet seit 1998 wieder an jedem zweiten Wochenende im Juli statt. Im Sommer gibt es regelmäßig Kirchenkonzerte.

Bewertung: Wolfshagen zählt unter der Vielzahl seiner Entwürfe zu P.J. Lennés bedeutenden Werken. Der kleine Ort ist ein Beispiel für das harmonische Zusammenspiel von Architektur und Landschaftsplanung im 19. Jh. Ein Geheimtipp! Wolfshagen ist für Wanderer, Freunde der Kunst und Natur, der Ruhe und der ländlichen Idylle einen Besuch wert. Ob Essen im nostalgischen Gasthaus, Baden am Strand vor historischer Kulisse im kühlen See, lange Wanderwege oder kurze Spaziergänge, Kirchenkonzert oder Natur pur: An einem warmen Tag im Sommer wird der Ausflug unvergessen bleiben.

In der Umgebung: Im 4 km westlich gelegenen Woldegk befindet sich das Mühlenmuseum mit fünf aus dem 19. Jh. erhaltenen gebliebenen Windmühlen und einem Mühlencafé.

Register

Abbildungsverzeichnis

Bildnachweis

S. 2, 22	Rainer Thamm
S. 20	Salzmuseum Bad Sülze
S. 36, 37	Ernst-Moritz-Arndt Universität, Greifswald
S. 38	Eva Neef
S. 40, 41	Stefan Garmshausen
S. 42	Archäologisches Landesmuseum Mecklenburg-Vorpommern, Schloß Wiligrad, 19069 Lübstorf
S. 61	Skulpturenpark e.V., Katzow, Thomas Radeloff
S. 75	Klaus Bargfried, Malchow
S. 76	Vogelpark Marlow GmbH
S. 81	Bernd Lasdin, Neubrandenburg
S. 92	Stadt Putbus
S. 102	Botanischer Garten, Universität Rostock
S. 103/104	IGA Rostock 2003 GmbH
S. 110	Zoo Rostock
S. 119	Thünengut Tellow gemeinnützige GmbH, Warnkenhagen-Tellow
S. 127	Landesgartenschau Wismar

Alle anderen Abbildungen: Herwyn Ehlers und Teresa Funke

Danke!

All jenen, die zum Gelingen dieses Buches beigetragen haben, sei es durch Anregungen oder durch das freundliche Bereitstellen von Bildmaterial, gilt unser herzlicher Dank. Alle Informationen stammen aus zuverlässigen Quellen und wurden sorgfältig geprüft. Für ihre Vollständigkeit und Richtigkeit können wir jedoch keine Haftung übernehmen.

Teresa Funke *Herwyn Ehlers*

Teresa Funke
geboren 1973 in Dresden, studierte Landschaftsarchitektur in Dresden und Wien. Es folgten Arbeiten in der Gartendenkmalpflege. Heute lebt sie mit ihrer Familie in Hamburg und arbeitet freiberuflich als Landschaftsarchitektin.

Herwyn Ehlers
wurde 1967 in Hamburg geboren. Lehre zum Landschaftsgärtner, Studium der Landschaftsarchitektur. Nach beruflichen Wanderjahren in Wien und Dresden lebt er heute in Hamburg, wo er mit seiner Firma »Gärten und Parks« Gartenplanung und -ausführung betreibt. Im Christians Verlag sind bereits von ihm erschienen: »Gärten und Parks in Norddeutschland« und »Gärten und Parks in Schleswig-Holstein«.

Die Deutsche Bibliothek – CIP-Einheitsaufnahme

Ehlers, Herwyn:
Gärten und Parks in Mecklenburg-Vorpommern : ein Ausflugsführer durch Kunst und Natur / Herwyn Ehlers ; Teresa Funke. – Hamburg : Christians, 2000
ISBN 3-7672-1342-7

Umschlaggestaltung: Bettina Huchtemann, Hamburg
Gestaltung: Carsten Best, Hamburg
Karten-Illustration (Vorsatz): Bettina Brauer, Hamburg
Gesamtherstellung: Christians Druckerei, Hamburg
ISBN 3-7672-1342-7

Printed in Germany

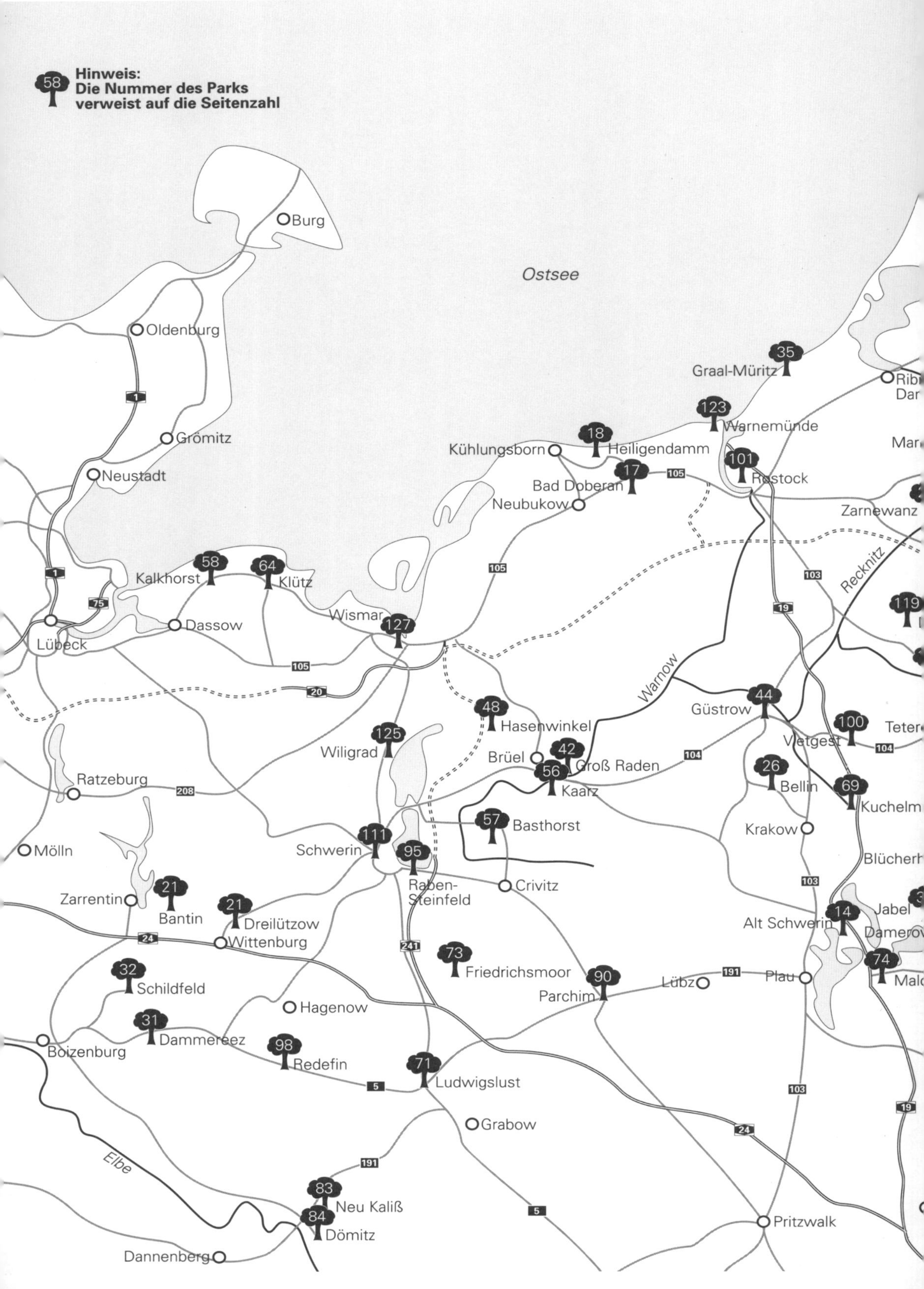
Hinweis:
Die Nummer des Parks verweist auf die Seitenzahl
58
Ostsee
Burg
Oldenburg
Grömitz
Neustadt
Lübeck
Kalkhorst
Klütz
Dassow
Wismar
127
Kühlungsborn
Heiligendamm
18
Bad Doberan
17
Neubukow
Graal-Müritz
35
Warnemünde
123
Rostock
101
Zarnewanz
Recknitz
119
Warnow
Güstrow
44
Hasenwinkel
48
Wiligrad
125
Brüel
Groß Raden
42
Kaarz
56
Basthorst
57
Schwerin
111
Raben-Steinfeld
95
Crivitz
Vietgest
100
Teter
Bellin
26
Kuchelm
69
Krakow
Blücherh
Alt Schwerin
14
Jabel
Damerow
Plau
74
Malc
Lübz
Parchim
90
Friedrichsmoor
73
Ratzeburg
Mölln
Zarrentin
Bantin
21
Dreilützow
Wittenburg
Schildfeld
32
Hagenow
Dammereez
31
Boizenburg
Redefin
98
Ludwigslust
71
Grabow
Elbe
Neu Kaliß
83
Dömitz
84
Dannenberg
Pritzwalk
1
75
105
20
208
24
241
5
191
104
103
19